Kryon

Ich berühre Dich

Autor, Verlag, Vertreiber, Händler und alle anderen Personen, die mit diesem Buch in Zusammenhang stehen, können weder Haftung noch Verantwortung für eventuelle Folgen übernehmen, die direkt oder indirekt aus den in diesem Buch gegebenen Informationen resultieren oder resultieren sollen.
Es liegt in der Verantwortung eines jeden Einzelnen, die Informationen, die in diesem Buch gegeben werden, als Wahrheit zu fühlen oder sie zu verwerfen.

Impressum

Kryonzentrum Berlin
Verlag Welle der Liebe
Strausberger Platz 18
10243 Berlin
www.kryonzentrum-berlin.de
info@kryonzentrum-berlin.de

1. Auflage April 2008

ISBN: 978-3-9812085-1-1
Printed in Germany

Titelbild: © Künstler Ivoi, Bad Kreuznach
Covergestaltung und Satz: Sonja Freimuth, Gau-Algesheim
Druck: Advantage Printpool GmbH, Gilching

Kryon
Ich berühre Dich

gechannelt von Nama Ba Hal

Vorwort von Nama Ba Hal

In diesem Moment gehen mir so viele Gedanken durch den Kopf, welche Worte ich in diesem Vorwort schreiben soll.

Nun ist das Buch fertig gestellt und ich habe alle Vorstellungen meinerseits über Bord werfen können, was das Schwierigste daran sei, ein Buch zu schreiben. Meine Vorstellung, die Seiten des Buches mit Botschaften aus der geistigen Welt zu füllen wären am Schwierigsten, erwiesen sich als Fehleinschätzung.

Es ging alles sehr leicht und flüssig von der Hand, wenn ich mich nur hingesetzt habe und meine Absicht erklärte, zu schreiben.

Ich durfte während des Schreibens und des immer wieder Überarbeitens feststellen, in welch liebevoller Weise mit mir gearbeitet wurde. Und ich freue mich, erlebt haben zu dürfen, wie durch dieses Buch mit den künftigen Lesern gearbeitet wird.

Eine ganz sanfte und liebevolle Schwingung beginnt sich durch deinen Körper hindurch zu bewegen und dein energetisches Feld wird ausgedehnt.

Am Anfang ging ich noch davon aus, Kryon, Metatron und andere Lichtwesen geben mir ihre Informationen und ich bringe sie zu Papier. Im Laufe der Zeit merkte ich, dass ich die einzelnen Lichtwesen nicht mehr unterscheiden konnte, sondern die Botschaften, wie aus einer Quelle hinter all dem, zu mir geflossen sind. Ich begann immer mehr zu fühlen und zu verstehen, dass letztendlich alle Botschaften aus der Uressenz unseres Seins stammen und es keine Rolle spielt, wer der Überbringer dieser Botschaften ist.

Du wirst vielleicht spüren, dass jedes Lichtwesen seine eigene Ausdrucksform in der menschlichen Sprache besitzt und ich konnte fühlen, dass es ihnen Freude bereitet, unsere begrenzten Laute so miteinander zu kombinieren, dass sich tragende Botschaften ergeben.

Es geht in diesem Buch um die Essenz der Wirklichkeit, der ich hiermit eine Möglichkeit gebe, sich auszudrücken. Und diese Wirklichkeit existiert immer und überall, nur die Frage ist: Haben wir den Mut diese Wirklichkeit in ihrer ganzen Weite zu sehen und sind wir bereit, das, was wir in unserem Inneren als Wahrheit empfinden, auszudrücken?

Und so bitte ich jeden Leser, fühle die Botschaften mit deinem Herzen und nimm das an, was mit deiner inneren Wahrheit in Resonanz geht und erlaube den anderen Informationen an dir vorüberzuziehen.

Es geht nicht um ein Richtig oder Falsch. Es geht um ein sich öffnen für etwas, was wir im Moment noch nicht in seiner Ganzheit erfassen können.

Und so werde ich, sollte noch ein weiteres Buch folgen, ihm den Titel geben „Botschaften aus der Quelle". Denn durch die Erfahrung, dass es nicht darum geht, wer etwas von der anderen Seite des Schleiers uns an Botschaften überbringt, sondern wie unbefangen wir diese Botschaften empfangen und in unserem Herzen spüren können, würde ich die Informationsquelle eines Buches nicht mehr auf eine bestimmte Anzahl von Wesenheiten beschränken.

Und so möchte ich alle Leser bitten, lasst diese Botschaften euer Herz erreichen.

Stellt keine Wesenheit höher als die andere. Diese Einteilung nehmen nur wir Menschen vor, wir lieben es, in Strukturen zu denken und auch die geistige Welt in Kataloge zu stecken – um sie nach unserem menschlichen Verstand besser unterscheiden zu können.

Denn ganz egal, wer der Überbringer von Botschaften ist, sei es Kryon, Jesus oder ein anderes lichtes Wesen, die Essenz bleibt immer gleich – die Essenz ist immer Liebe. Und ein jedes Lichtwesen dient uns in seinem ganz eigenen Verständnis der Liebe.

Es hat mir unendlich viel Freude bereitet, dieses Buch zu schreiben. Jeder Augenblick dieser Arbeit trägt den göttlichen Tropfen der Veränderung in sich und dafür bin ich dankbar.

Ich wünsche allen Lesern die Freude beim Lesen, die ich empfunden habe, während ich dieses Buch geschrieben habe.

Lasst euch sanft berühren von den Wellen der Liebe, die durch dieses Buch ihre liebevollen und kraftvollen Botschaften zu dir bringen und möge es dazu beitragen, einen jeden Einzelnen auf seiner Suche nach Wahrheit zu unterstützen.

In tiefer Liebe und Dankbarkeit meinen Eltern gegenüber, die es mir ermöglichten, diesen Weg zu gehen und mich immer wieder auf meinem langen Weg unterstützten, so dass dieses Buch entstehen konnte.

Si'nna, ich danke dir für alles, was wir miteinander lernen durften.

Leandra, ich danke dir für deine Liebe und unsere wunderschöne Zeit.

An Anasha,
dass ich dieses Buch schreiben durfte.
Nama Ba Hal

Vorwort von Kryon an dich, der/die du dir die Zeit nimmst, diese Botschaften zu lesen

Meine geliebten Freunde, geliebte Familie,

es ist mir eine so große Freude, dich in diesem Moment durch die Worte und der dahinter verankerten Schwingung der magnetischen Liebesenergie zu begrüßen. Die Wellen der Liebe werden über dich ausgeschüttet und ich Kryon, beginne dich zu umarmen. Es ist ein so wundervoller, Ehrfurcht gebietender Moment, wenn ein menschlicher Engel uns erlaubt, ihn zu berühren. Diese Berührungen finden in deinem Herzen statt und sie werden dich immer tiefer, bis in die Essenz deiner Seele hinein, erreichen.

Ich Kryon, komme mit der unermesslich tiefen Liebe, die ich für dich empfinde, in diesem Moment direkt in dein Herz. Überlege nicht, wie es geschieht. Lass es einfach geschehen, denn ich Kryon sage dir, in Wahrheit sind wir eins. Für mich gibt es keine Trennung von dir. Du bist ein Teil von mir, so wie ich ein Teil bin von dir. Ich begleite dich seit langer Zeit auf deiner menschlichen Reise und freue mich nun, in dieser Form mit dir zu kommunizieren und zu arbeiten.

Dieses Buch ist mehr als das, was du in der menschlichen Sprache unter dem Wort „Buch" verstehst. Dieses Buch wird dich, wann immer du es zur Hand nimmst, sofort mit der Energie der Wirklichkeit und den lichten Wesen, die dir in diesem Buch ihre Botschaften überbringen, verbinden. Die Beschreibung dessen, was wirklich geschieht, hat unvollständig zu bleiben, denn der Vorgang entzieht sich der begrenzten sprachlichen Erklärung.

Viele Illusionen und Täuschungen werden wir dir nehmen, nach denen du dich immer wieder in deiner Realität ausgerichtet hast, um dich menschlich zu erfahren. Die Erwachungsenergie wird Einzug halten in dein Leben und es bedarf einer Neuausrichtung aller sich damit entfaltenden Potentiale in dir. Es ist deine Zeit, du Pionier des Lichtes. Es ist kein Zufall, dass du zu dieser Zeit auf dem Planeten Erde inkarniert bist und in diesem Augenblick dieses Buch in deinen Händen hältst. Stelle dir in der ersten Zeit einfach vor, wie dieses Buch ein Lichtportal öffnet, das uns miteinander verbindet und die klaren, kraftvollen Schwingungen der Wirklichkeit direkt zu dir bringt. Je mehr du dieses Portal benutzt, je klarer und deutlicher wird unsere Verbindung werden. Wir werden dir in den einzelnen Kapiteln mehr Informationen dazu geben.

Dieses Portal stellt unsere gemeinsame Verbindung zu allem dar, was ist. Kryon und die anderen lichten Wesen, möchten dich mit diesem Buch dorthin führen, zu dem Ort, an dem du erkennen kannst, was du wirklich bist. Kryon sagt ganz bewusst „was“ du bist. Denn die Beantwortung „wer“ du bist, würde nur deine menschlichen Aspekte berücksichtigen und den tiefer liegenden Teil deines Seins nicht beleuchten. Denn das „was" ist der unpersonifizierte Teil deines leuchtenden Seins, den es zu erkennen gilt, um zu erwachen.

„Erkenne, dass du Liebe bist. Nur Liebe."

Und so sage ich dir, die Zeit des Wartens und des Innehaltens ist vorbei. Solange hast du nach anderen geschaut und darauf gewartet, dass sie dir ein Zeichen geben, was du tun sollst. Viele von euch warten immer noch auf diese Zeichen. Viele haben auf eine Veränderung im Außen gewartet, damit sie reagieren konnten. Doch du allein bist für Veränderungen in deinem Leben zuständig. Nur du allein. Du bist der Schöpfer.

Sei für einen Moment, in denen du diese Worte von Kryon liest ganz zentriert in deinem Herzen, denn so können dich meine Botschaften nicht nur durch das geschriebene Wort, sondern auch durch die Frequenz der magnetischen Liebe, die ich hinter jedem einzelnen Buchstaben verankere und dir direkt in dein Herz sende, tiefer und kraftvoller erreichen.

Dieses Buch soll für dich ein kleiner Wegweiser, eine Unterstützung auf deiner menschlichen Reise sein, um den Weg deines Erwachens tiefer zu verstehen.

Es kann sein, dass dir beim Durchlesen dieses Buches Gedanken kommen, die dir sagen – es ist alles gar nicht so schwer –

nur ein kleiner Schwenk meiner Sichtweise und eine ganz andere Situation zeigt sich mir.

„Hurrah!", Kryon und die 36 hohen Räte des Lichtes haben das, was sie wollten, erreicht. Es ist uns gelungen, dich aus der Dualität herauszuholen, um es dir zu ermöglichen, die Wirklichkeit zu sehen, so wie sie ist. Dich in dem ganzen großartigen Spiel zu sehen, so wie du bist und so, wie du immer schon warst.

Du bist so wundervoll. Kryon lässt in diesem Moment die Schwingung der Liebe stärker fließen und vibrieren. Ich liebe dich bedingungslos, so wie alle anderen Wesen des Lichtes dich bedingungslos lieben. Wir wissen was du bist, egal was du vorgibst zu sein.

Und Kryon möchte dir sagen: „Du wirst unermesslich geliebt."

Erlaube es dir, diese Liebe zu fühlen und sei bereit, sie anzunehmen. Sie ist für dich – für dich ganz allein.

Die lichten Wesen an meiner Seite werden dir in den einzelnen Kapiteln Botschaften zu verschiedenen Themen überbringen. Es werden unter anderem Adonai Ashtar Sheran, Jesus der Christus, Shakti und Dr. Fritz sein. Und in jedem Kapitel wirst du ihre Liebe spüren und sie werden ganz nah bei dir sein. Auch wenn es für dich schwer vorstellbar erscheint, werden die lichten Wesen, wenn du dieses Buch liest, an deiner Seite sein.

Lies dieses Buch in der Freude deines Herzens, so wie dieses Buch entstanden ist – mit der ganzen Freude in unseren Herzen. Sei wie das Kind, das du bist. Wir werden dir in vielen Kapiteln in einer sehr menschlichen Sprache begegnen, um mit dir in die Kommunikation deines Herzens zu gehen.

Unsere Liebe zu dir ist bedingungslos – und nun lass uns beginnen, sofern du es möchtest.

Wir verneigen uns vor dem Engel, der du bist und der sich entschieden hat, das Licht auf Erden zu bringen.

An Anasha
Kryon und die 36 hohen Räte des Lichtes

Inhaltsverzeichnis

Veränderungen in der neuen Zeit (Kryon) 17

Lichtsprache (Kryon) 41

Das Lichtschiff (Adonai Ashtar Sheran) 49

Atme das Licht der Liebe in dich hinein (Jesus Christus) 69

Geistige Operationen (Dr. Fritz) 81

Magnetische Energie – die Energie der neuen Zeit (Kryon) 93

Das vereinigte Chakra – die Basis der neuen Zeit (Kryon) 105

Die weibliche Kraft des Universums (Shakti) 113

Beziehungen in der neuen Zeit (Jesus Christus) 121

Der Aufstiegsprozess des Friedens (Adonai Ashtar Sheran) 127

Telepathie (Adonai Ashtar Sheran und Kryon) 137

Avalon (Erzengel Michael) 145

Fragen und Antworten (Kryon) 151

Ausgewählte Geschichten 165

Melanie träumt 167

Eine Geschichte der Stille 171

Geschichte einer Einweihung, einer göttlichen Initiation 175

Ausgewählte Channelings gegeben durch Nama Ba Hal 181

Fühlen deines kosmischen Namens (Kryon) 183

Wenn ein Herz singt (Kuthumi) 187

Liebesenergieübertragung (Sananda) 191

Die Melodie deines Herzens (Kryon) 193

Atlantische Energie (Toth) 197

Liebe (Nama Ba Hal) 201

Öffnung des Heilungskanals (Dr. Kahn) 205

Fusion statt Spaltung – verbunden mit der Intuition (Kryon) 209

Lichtsprache 217

Nachwort (Kryon) 227

Informationen über das Kryonzentrum 231

Veränderungen in der neuen Zeit (Kryon)

Meine geliebte Familie,
ich bin Kryon vom magnetischen Dienst.

Mit der ganzen Freude aus meinem Herzen begrüße ich dich mit den Worten OMAR TA SATT und lade dich ein, in diesem Augenblick die Wirklichkeit hereinzulassen. Ich lade dich ein, dein Gefäß der Erfahrungen zu leeren und dich, so tief es geht mit deinem Herzen zu verbinden. Und dann erlaube es dir, dich zu öffnen für die Botschaften der neuen Zeit. Die Botschaften der neuen Zeit werden getragen von der magnetischen Energie und sie werden dir in der Frequenz des golden-blauen Lichtes überbracht.

Der Schleier des Vergessens beginnt sich zu öffnen, Dimensionen beginnen miteinander zu verschmelzen und Energien beginnen sich zu bewegen, so dass die Essenz der Liebe über das geschriebene Wort direkt dein Herz erreichen kann.

Auch wenn dir in diesem Augenblick die Worte OMAR TA SATT noch unbekannt erscheinen, so kannst du dir sicher sein, dass deine Seele mit genau denselben Worten Kryon willkommen heißt. Denn es sind die Worte der Begrüßung, die Worte der Familie, die Worte der Elohim.

Es ist eine Schwingung, die tief in deinem Inneren ein Erinnern erzeugt. Ein Erinnern an deine Göttlichkeit. Die Strukturen deiner DNA beginnen zu vibrieren und immer stärker wird deine Göttlichkeit erwachen. Viele von euch kennen die Begrüßung des Kryon so, wie ich die Familie seit Jahren begrüße, wenn ich beginne euch meine Botschaften zu überbringen. Ich bin Kryon vom magnetischen Dienst – so stelle ich mich der Familie vor, und du kennst meine Schwingung und die Farben des Kryon, die euch eine lange Zeit in einer, nach euren Gesichtspunkten männlichen Energie überbracht wurden.

Ich möchte dich in diesem Augenblick mit der weiblichen Seite des Kryon begrüßen. Denn immer mehr wird Kryon dich mit seiner weiblichen Seite begrüßen, um dir die Botschaften zu überbringen. Das Weibliche ist die tragende Kraft im Universum und es wird wichtig für dich sein, immer tiefer deine Weiblichkeit zu erkennen, dich mit ihr auszusöhnen und sie als natürlichen Bestandteil deines Seins in deine Menschlichkeit zu integrieren. Doch dazu wird dir Shakti an anderer Stelle mehr erzählen. In diesem Augenblick jedoch erlaube es mir, dich zu berühren, dir ganz nah zu sein und vor dir Platz zu nehmen. Erlaube es mir, deine Hände zu halten und unsere Energien miteinander verschmelzen zu lassen, wie es noch nie zuvor möglich war.

Du hast so vieles vollbracht, du hast das geschehen lassen, was noch vor Jahren ungewiss war. Und lass dir, während ich deine Hände halte und dich umarme, von all dem erzählen. Lass dir von deiner Großartigkeit erzählen und davon, wer du wirklich bist. Lass dir davon berichten, welche Energieverschiebungen in dieser Zeit geschehen und welch tragende Rolle du dabei spielst. Lass dir von deiner eigenen Geburt erzählen, die für dich noch vor dir liegt. Lass uns in diesen Augenblicken ganz nah beisammen sein.

Im bildlichen Sinne gesprochen, befindest du dich zurzeit im Schoß der Mutter und wir stehen um dich herum und erwarten den Zeitpunkt deiner Geburt. So viel Freude und Aufregung, die eine irdische Geburt begleitet, begleitet auch deine kosmische Geburt. Die Wehen haben schon seit langer Zeit eingesetzt und die Geburt hat somit schon begonnen. Lass uns für diesen Moment ganz nah zusammen sein, denn es ist eine Zeit für uns, eine Zeit der Familie. Fühle dich sicher und geborgen im Schoße der Mutter.

Während du diese Worte liest, haben sich Engel zu dir begeben und sich an deine Seite gestellt. Sie beginnen dich zu umarmen und sind voller Liebe für dich, denn du bist ein Teil der großen Familie – der kosmischen Familie. Auch ich Kryon, sende dir mit jedem Wort, das du liest meine Liebe, die magnetische Liebesenergie und sie wird immer kraftvoller in dich einströmen und dich erfüllen.

Vielleicht spürst du einen leichten Druck der Energien um dich herum. Dies sind wir, deine Familie, die dich so unermesslich liebt. Wir werden unsere Energien in deinen Licht-

körper einfließen lassen und du wirst spüren können, wie dein energetisches Feld beginnt, sich immer weiter auszudehnen. Lass einfach alles geschehen, du göttliches Kind.

Lass uns diese Zeit so tief miteinander erleben wie es dir möglich ist. Wir umhüllen dich mit unserer Liebe und sind so nah bei dir. Wenn du dieses Kapitel zur Hand nimmst bin ich Kryon, direkt vor dir und ich spreche zu dir.

Auch ist es für uns ein großes Geschenk, so nah bei dir zu sein und deine Liebe zu fühlen. Vieles davon, was Kryon und die anderen lichten Wesen dir in diesem Buch an Botschaften überbringen, ist schwer in menschliche Worte zu fassen. An diesen Stellen werden wir dich auffordern, zu fühlen und wir werden dir Bilder von dem geben, was nicht zu beschreiben ist.

Wie Kryon es dir am Anfang des Buches mitgeteilt hat, wird dieses Buch anders sein als alles, was du vorher an Büchern kennen gelernt hast. Auch ist dies schwer in Worten auszudrücken, doch ich werde es versuchen. Dieses Buch, so wie du es in deinen Händen hältst, ist die äußere Form einer inneren Absicht und Ausrichtung eines kosmischen Wirkens, für das es bis jetzt in deiner Realität noch keinen bezeichnenden Namen gibt. Der Ursprung dieses Wirkens ist nicht irdischer Natur.

Ihr habt in eurer Realität eine kollektive Festlegung getroffen, wie Informationen ausgetauscht und übermittelt werden.

Diese ist euch bekannt. Doch was sagt die kollektive Festlegung über ein Wirken, das bisher unbekannt ist? Wie ist es euch möglich, diesem Wirken einen Namen zu geben und es zu beschreiben?

Es wird in Zukunft einen Namen und eine äußere Form für dieses Wirken geben – doch zu dieser Zeit hat sie noch namenslos zu bleiben. Nur soviel möchte ich noch erwähnen: Alle Informationen, die dein Auge aufnimmt, werden dir auch in Form der Lichtsprache in deinen Lichtkörper gegeben. Und wenn du dir erlaubst loszulassen, dann wirst du die Arbeit, welche durch dieses Buch mit dir geschieht einfach wahrnehmen können, ohne die Worte zu lesen. Verstehst du nun, was Kryon meint, wenn er/sie sagt, dass manche Dinge schwer in menschliche Worte zu fassen sind?

Vieles wirst du mit diesem Buch spüren und erleben. Vieles wird geschehen mit dir, wenn du es deinem Geist erlaubst, frei zu fliegen und sich von den begrenzten Vorstellungen der Dualität zu lösen.

Ich, Kryon, werde dich in diesem Kapitel begleiten und dich mit der magnetischen Liebesenergie überhäufen. Und nun erlaube deinem Geist, frei zu sein und lass uns fliegen. Kryon ist bei Dir.

Kryon möchte dir in diesem Kapitel mehr darüber erzählen, was ihr als den Übergang bezeichnet. Den Übergang in die 5. Dimension, den Dimensionswechsel, den Aufstieg, den

Erwachungsprozess. Wie immer du es bezeichnen möchtest, welches Wort du diesem Ereignis geben möchtest, es wird das größte Ereignis deines Lebens sein. Es wird für dich eine Erfahrung sein, die mit menschlichen Worten nicht zu beschreiben ist. Es wird das größte Ereignis in deinem Universum sein und unzählige Lichtwesen und Engel haben sich um den blauen Planeten herum versammelt, um Lady Gaia und den Menschen ihre Hilfe anzubieten und euch zu unterstützen.

Um dir von dem zu erzählen, was vor dir liegt, möchte Kryon in einer kurzen Abhandlung von dem erzählen, was du hinter dir gelassen hast. So wird es dir möglich sein, die Botschaften besser zu verstehen, die Kryon dir in Bezug auf deine Zukunft geben wird.

Du bist ein hohes Licht in einem menschlichen Körper. So war es seit Anbeginn der Zeit, als du dich zum ersten Mal als Mensch erfahren hast und Kryon weiß, wie sehr du diese Worte anzweifeln möchtest. Du glaubst, du wärst nur ein Mensch. Doch Kryon sagt dir – du bist soviel mehr. Du bist ein Meister des Lichtes, du bist ein Engel der Liebe.

Und diese Liebe in dir war bereit zu vergessen, dass sie Liebe ist. Dies ist ein Grund, weshalb du immer wieder zweifelst, wenn wir dir sagen, dass du göttlich bist, denn du warst bereit, genau dies zu vergessen und vor dir zu verbergen. Fühle für einen Moment, was es bedeutet, wenn ein so hohes kosmisches Licht bereit ist, zu vergessen, wer und was es wirklich ist.

Es bedeutet sehr viel Mut zu haben und eine grenzenlose Liebe in sich zu tragen, die erfüllt ist von Vertrauen, Hingabe und Dankbarkeit. Aus diesem Grund werdet ihr auch als die mutigsten Engel des Universums bezeichnet.

Vieles wurde darüber geschrieben und euch an Informationen gegeben, weshalb du bereit warst zu vergessen, wer du wirklich bist. Immer wieder wurde dir gesagt, dass es deine freie Wahl gewesen ist, dich als Mensch in der Dualität zu erfahren – und so ist es auch. Und der Grund, weshalb du diese Wahl getroffen hast, war die Heimholung von Lady Gaia in ihre ursprünglichen magnetischen Bahnen im ersten zentralen Universum.

Denn es gab eine Zeit, in der Lady Gaia aus ihren ursprünglichen Lichtfeldbahnen im Universum herausgehoben wurde. Um sie zurückzuholen war es notwendig, dass sich hohe kosmische Lichter auf Lady Gaia inkarnierten und sich durch ihre menschliche Erfahrung hindurch immer mehr zu dem entwickelten, was sie sind. Liebe.

Denn nur mit der Liebe war es möglich, Lady Gaia dahin zurückzuholen, wo sie sich einst befunden hat. Und ihr habt es geschafft. Das, was vor vielen Jahren noch ungewiss war, ist jetzt gewiss. Der Aufstieg von Lady Gaia und allem darauf befindlichen Leben findet statt und befindet sich zum Zeitpunkt der Entstehung dieses Buches in der letzten Phase. Dir gebührt die Ehre und der Dank dafür, du hohes kosmisches Licht, du Meister der Liebe.

Und so bist du dabei, dich durch all deine menschlichen Inkarnationen göttlich zu erfahren und die göttliche Liebe in dir erwachen zu lassen, um Lady Gaia zu unterstützen. Gleichzeitig bedeutet es einen intensiven Lern- und Entwicklungsprozess für deine Seele, wenn sie sich innerhalb der Dualität menschlich erfahren kann.

Dies soll für den Moment als Erklärung genügen, weshalb du die Entscheidung getroffen hast, dich menschlich zu erfahren und bereit warst zu vergessen, was du wirklich bist.

Deine göttliche Reise hat dich so vieles erfahren lassen. Das, was viele von euch am Tiefsten und gleichzeitig am Schmerzlichsten erfahren haben, war das Gefühl der Trennung von Gott, der Trennung von dem Ursprung, der Trennung von dir selbst.

So oft fühltest du dich einsam und verlassen in deiner Realität. Aber da die Dualität auf Illusionen aufgebaut ist und aus Täuschung besteht, war auch deine Trennung von Gott nur eine Illusion. Das Gefühl der Trennung in dir war vorhanden, sehr stark sogar – eine Trennung selbst hat es niemals gegeben. Und Kryon bittet dich, dies mit deinem Herzen zu verstehen. Das Gefühl in dir war vorhanden – die Trennung selbst hat es nie gegeben.

Ich, Kryon, danke dir für alles, was du bist. Ich danke dir für deinen Weg. Du bist so wundervoll. Und ich weiß, dass du die Gegenwart von Kryon und der Engel, die dich in diesem

Augenblick umarmen, spüren kannst. Es muss kein körperliches Spüren sein. Es kann ein Berühren in deinem Herzen sein, das die Tränen der Freude in dir freisetzt. Die Tränen der Erinnerung daran, was du wirklich bist.

Und ich, Kryon, sage dir, auch auf unserer Seite des Schleiers fließen Tränen der Freude, dich zu sehen und an deiner Seite zu sein. An der Seite eines der mutigsten Engel des Universums zu stehen. Lasse dich lieben du göttliches Kind. Du hast es verdient.

Doch nun zurück zu meinen Ausführungen über das, was in deiner Zukunft liegen wird. Deine Seele hat sich also entschieden auf Lady Gaia zu inkarnieren, immer und immer wieder. Doch diese Inkarnation in der du dich nun befindest, ist anders, als es alle anderen Inkarnationen jemals gewesen sind. Diese Inkarnation trägt das Potential in sich, dass du in deinem menschlichen Körper erwachen, d.h. deine Göttlichkeit erfahren kannst.

Noch niemals zuvor war dir dies möglich gewesen. Denn du musst wissen, wenn du erwachst, wenn dir vollkommen bewusst wird, was du bist, dann fließt deine hohe Seelenenergie in deinen physischen Körper ein. Deine Zellen beginnen so viel Licht in sich aufzunehmen, dass es für deinen physischen Körper fast unmöglich ist, dein Licht zu halten.

Dies war der Grund, weshalb Menschen in früherer Zeit ihren Körper verlassen mussten, wenn sie die Erleuchtung erlangten.

Euer physischer Körper war in der Vergangenheit nur auf ein bestimmtes Maß der Lichtaufnahme vorbereitet. Überstieg die Lichtaufnahme in deinen Zellen dieses vorgegebene Maß von 70%, konnte der Körper das Licht nicht mehr halten und die Menschen stiegen auf.

Und nun wird es in deiner jetzigen Inkarnation so sein, dass dein physischer Körper die hohe Energie deiner Seele aufnehmen kann und du wirst nach deinem Erwachen in deinem jetzigen physischen Körper weiterleben.

Du wirst weiterleben als göttlich erwachter Mensch auf Erden.

Was für ein Geschenk. Doch dass es dazu kommen konnte, waren viele Vorbereitungen notwendig. Sowohl auf unserer Seite des Schleiers als auch auf der eurigen. Viele energetische Angleichungen und Ausrichtungen sind geschehen und so habe ich, Kryon, zusammen mit einer Gruppe magnetischer Meister, das Magnetgitter von Lady Gaia ausgetauscht und das alte euch umgebende Magnetgitter in seiner ursprünglichen Form hinweggenommen.

Viele Veränderungen sind daraufhin mit euch geschehen, denn all eure Körper müssen sich an diese Veränderungen und Neuausrichtungen anpassen und viele Informationen gilt es zu integrieren. Die Auswirkungen dieser Angleichungen auf euren physischen Körper sind euch unter dem Begriff „Lichtkörpersymptome" bekannt. Sehr vereinfacht ausge-

drückt, treten Lichtkörpersymptome immer dann auf, wenn die Schwingung deines Lichtkörpers tiefer in deinen menschlichen Strukturen zu schwingen beginnt. Dies ist der Weg des Erwachens.

Was ist aber nun das auslösende Moment in deinem Leben, damit es zu deinem Erwachen kommen kann, dass all deine Körper beginnen, in sich die Wirklichkeit zu integrieren? Und die Beantwortung trägt zwei Teile in sich. Zum einen wird jedes Lebewesen mit den Veränderungen konfrontiert. Viele sind sich dessen nicht bewusst, doch sie spüren unbewusst, dass sich etwas in ihrem Leben zu verändern beginnt.

Es scheint etwas Verborgenes in ihrem Leben aufzubrechen. Sie verspüren den Drang etwas zu tun und Dinge zu verändern, ohne den Hintergrund der treibenden Kraft zu kennen. Dies ist auch nicht notwendig – viel wichtiger ist, diesem Impuls der sich im Inneren bemerkbar macht, zu folgen und Zeuge der nachfolgenden Wunder zu werden.

Denn es sind Wunder, die sich dann in deinem Leben ereignen und dir zeigen, was du bist. Und teilweise sind es Wunder, so wie du dich ausdrücken würdest, „auf die du gut verzichten könntest". Doch glaube Kryon, wenn er/sie dir sagt, auf kein einziges Wunder in deinem Leben könntest du verzichten. Jedes Wunder dient dir in seiner ganz eigenen Form – glaube mir, denn sonst würdest du das Wunder nicht geschehen lassen. Und somit trägt jedes Wunder etwas Wunderbares in sich – denn mit jedem Wunder fällt ein Teil deiner Maske ab und du erkennst immer tiefer, was du wirklich bist. Dies bedeutet Freiheit für dich. Wir lieben dich so sehr, du Engel der Liebe.

Der zweite Aspekt ist der, die Absicht zu deinem Erwachen ganz bewusst zu geben. Doch das setzt voraus, darüber zu wissen, dass man schlafend ist. Die Absicht in dir zu erwachen, ist die stärkste Kraft um die Transformation und Transmutation des Erwachungsprozesses in all seinen Ebenen geschehen zu lassen. Wenn du die Absicht in dir bekundest, zu erwachen, wird in dir eine Schwingung frei, die alle weiteren Ereignisse in deinem Leben so leiten wird, dass die Erwachungsenergie in dir freigesetzt werden kann.

Viele Veränderungen gehen damit einher und sind mit großen, individuellen, globalen und kosmischen Transformationsprozessen auf Lady Gaia und um ihr herum verbunden. Denn nicht nur Lady Gaia begibt sich in eine höhere Schwingungsebene hinein, sondern viele Planeten um sie herum werden diesen Prozess mit euch gemeinsam gehen.

Doch nun lass uns tiefer in das kommende Geschehen des Überganges gehen. Während du die nachfolgenden Botschaften liest, möchte Kryon dir sagen, dass wir dir gleichzeitig viele Informationen als Bilder übersenden, damit es dir möglich sein wird, von etwas Abstraktem ein Gefühl zu bekommen.

Und ein sanfter, harmonischer Ton beginnt sich auszubreiten innerhalb dessen wir dir die Informationen überbringen. Ich werde die bildliche Sprache verwenden um dir das Geschehen zu erläutern. Lady Gaia begibt sich in eine höhere Frequenz ihres göttlichen Bewusstseins hinein. Sie wird sich, wie du, immer bewusster darüber, was sie wirklich ist.

Du kannst es dir so vorstellen, dass alle Vorbereitungen, die geschehen sind, Lady Gaia bis zu einem Tor gebracht haben, durch welches sie nun gehen wird und das eigentliche Erwachen geschehen kann. Den Zeitpunkt, wann dies sein wird, bestimmt Lady Gaia ganz allein. Kein göttliches Wesen kann diesen Zeitpunkt benennen, nur Lady Gaia selbst. Denn auch Lady Gaia besitzt das Geschenk des freien Willens.

Unzählige Lichtwesen haben sich nach einem Aufruf von Melek Metatron um Lady Gaia versammelt und sie stehen bereit, Lady Gaia bei ihrem letzten Schritt zu unterstützen und euch mit ihrem Wissen und ihrer Liebe zu dienen. Sie erwarten den Moment, indem der letzte Schritt des Erwachungsprozesses eingeleitet wird und Melek Metatron ihnen weitere Anweisungen bezüglich ihres Handelns geben wird. Viele dieser Lichtwesen sind Wesen, die nach eurem Aufstieg mit euch in Kontakt treten werden.

Sie werden sich, so wie du, auf Lady Gaia bewegen und es wird für dich etwas ganz Natürliches sein, mit ihnen zu kommunizieren. Sie freuen sich darauf, die Vielfalt an Leben auf

Lady Gaia zu entdecken. Sie freuen sich darauf, dich kennen zu lernen.

So werden es z.B. die Arkturianer und die Venusianer sein, die mit euch in Kontakt treten werden. Und es werden bewegende Begegnungen sein, die dann stattfinden werden. Diese Begegnungen werden eure Herzen in einer Art und Weise berühren, die nicht zu beschreiben ist. Eine ganz besondere Begegnung wird es für dich sein, einem venusianischen Wesen gegenüber zu stehen und dessen Liebesenergie zu spüren. Sie freuen sich auf die Begegnung mit dir.

Doch nun weiter zu dem kollektiven Geschehen des Erwachens. Die Beschreibung des Vorganges wird sehr bildhaft geschehen, da dies der einfachste Weg ist, dir den Vorgang zu überbringen. Wenn Lady Gaia bereit ist, durch das Tor des Erwachens zu gehen, wird sie einen Impuls an ihr hohes Selbst, Sanat Kumara, senden. Sanat Kumara wird daraufhin die Kelche der Liebe von Lady Gaia im übertragenen Sinne durch das Tor des Erwachens, dem Herrn der Heerscharen, Melek Metatron entgegenstrecken.

Melek Metatron wird die Kelche der Liebe von Lady Gaia ergreifen und es wird ein Beben durch das Universum gehen. Es werden die Sterntetraeder von Lady Gaia entzündet und der eigentliche Prozess des Überganges wird beginnen. Es wird das erste Mal seit dem Bestehen von Lady Gaia im ersten zentralen Universum sein, dass die Dualität auf Erden ihr Ende findet und die Wirklichkeit erwacht. Doch möchte

Kryon dir auch sagen, dass einige Gesetzmäßigkeiten bestehen bleiben. So wird es z.B. weiterhin die Gesetzmäßigkeit des Ausgleiches von Energien geben.

Ab diesem Zeitpunkt, wird sich Lady Gaia in die Hände von Melek Metatron begeben und der weitere Prozess wird von vielen hohen kosmischen Lichtern geleitet und geführt werden. Diese hohen kosmischen Lichter werden unter anderem Adonai Ashtar Sheran, Engel Chamuel, Jesus der Christus und Shakti sein. Alles, was ab diesem Zeitpunkt geschieht, wird auf Anweisung von Melek Metatron hin geschehen.

Nur die Quelle trägt das Licht, die Liebe, die Kraft und das Wissen in sich, welches notwendig ist, einen Planeten mit dem gesamten ihn umgebenden Universum in die nächst höhere Schwingung anzuheben und ihn erwachen zu lassen. Unzählige Lichtwesen stehen bereit, dienend mit ihrem Lichte, euch zu unterstützen und auf den Ruf Melek Metatrons hin, aktiv zu werden.

Von diesem Zeitpunkt an wird alles Weitere sehr schnell geschehen. Die Sterntetraeder von Lady Gaia werden aktiviert und entzündet werden und es wird sich für euch wie ein Beben von Lady Gaia anfühlen, das ihr, ganz gleich wo ihr euch auf Lady Gaia befindet, wahrnehmen werdet.

Hohe kosmische Lichter werden ihre Schwingung auf dem Planeten verankern und den Erwachungsprozess in dieser Form unterstützen. Ihre Energiefrequenzen werden die Ar-

chen der neuen Zeit sein, die sich einem jeden von euch zeigen werden. Das, was ihr Ego nennt, wird sich beginnen, zu transformieren. Wenn dies geschehen ist, beginnt Melek Metatron, Lady Gaia in die Wirklichkeit hinüberzubegleiten. Dies wird für alle Lichtwesen im Universum ein so bewegender Augenblick sein, der mit Worten nicht zu beschreiben ist. Lady Gaia kehrt heim. Nach und nach wird die elektrische Energie der magnetischen Energie weichen. Es wird sich wie ein Nebel um Lady Gaia legen, der wenige Tage andauern wird. Zeitgleich werden die Merkabas von 144.000 Pionieren des Lichtes, die sich auf dem Planeten befinden, vollständig aktiviert und entzündet werden. Unter diesen Lichtpionieren werden Menschen verschiedenster Glaubensrichtungen sein, und für einige von ihnen wird diese Aktivierung überraschend geschehen. Lady Gaia wird die Dualität verlassen und auch für dich wird die Dualität der Vergangenheit angehören. Du wirst nach Hause kommen.

Nachdem die verschiedenen Verankerungen und Stabilisierungen geschehen sind, wird alles Leben, welches sich auf Lady Gaia befindet, in die Wirklichkeit hinüberwechseln. Alles Leben, welches sich mit seiner Schwingung in dem Zustand von 999 befindet, wird diesen Übergang sofort vollziehen, nachdem die Wale und Delphine als erste diesen Übergang vollzogen haben. Wenn ihr die Wale und Delphine in der nächsten Zeit beobachtet, werdet ihr feststellen, dass sie sich verändern werden. Sie werden sich in ihrem Äußeren *verändern und die Frequenzen, die sie aussenden, werden sich verändern.*

Kryon möchte dazu sagen, dass ein jedes Mal, wenn eine große Erhöhung der Schwingung stattgefunden hat, sich auch die Frequenzen der Wale und Delphine verändern. Das Wissen, welches die Wale und Delphine in sich tragen und in Form von Wellen von sich geben, wird, wenn du so willst, in der Wirklichkeit verankert werden und Lady Gaia wird sich dadurch in ihrem Erwachen stabilisieren können.

Farben, die im Moment noch außerhalb eurer Wahrnehmung liegen, werden den Raum erfüllen, den ihr Kosmos nennt. Viele Menschen werden in den Himmel sehen und das Wunder bemerken. Sie werden mit geöffneten Mündern und Tränen in den Augen auf den Straßen stehen. Sie werden spüren, dies ist die Zeit, auf die sie so lange gewartet haben. Es werden sehr bewegende Momente sein und trotz der Emotionalität, die während all der einzelnen Phasen zu spüren sein wird, wird es Menschen geben, die vor all dem ihre Herzen verschließen. Sie werden ihre Herzen vor dem verschließen, was ihre Augen sehen werden.

Im weiteren Verlauf wird Melek Metatron sein Erbe, welches er auf dem blauen Planeten hinterlassen hat, beginnen empor zu heben. Es befinden sich viele Relikte und Gegenstände vergangener Zivilisationen auf eurem Planeten. Viele dieser Gegenstände tragen die pure Gotteskraft in sich und sind euch aus Erzählungen bekannt. Das Erbe und gleichzeitig das Geschenk an die Menschheit, welches Melek Metatron hinterlassen hat, ist die Bundeslade, welche sich in der Pyramide von Gizeh befindet.

Sie wird von den Wächtern bewacht und wenn der Verlauf des Aufstieges eine bestimmte Schwingung erreicht hat, wird sie freigegeben werden. Ein zweites Beben wird durch das Universum gehen.

Viele Lichtwesen, die sich in Städten im Inneren der Erde befinden, werden an die Oberfläche kommen und sie werden bereit stehen, um euch mit ihrer Liebe zu begleiten. Sie dienten lange Zeit als Hüter und Wächter der verschiedensten Energien. Sie haben Lady Gaia nie verlassen und sie haben sich bereit erklärt, dem Planeten und den Menschen zu dienen, bis der Zeitpunkt gekommen ist, sich mit euch wieder zu vereinigen.

Es werden bewegende Momente sein, wenn der Schleier des Vergessens, den du einst bereit warst, dir anzulegen, vollkommen von dir genommen wird.

Von dem Zeitpunkt an, an dem Melek Metatron die Kelche der Liebe von Lady Gaia ergreifen wird, wird Lady Gaia wie von einem starken Sog gezogen werden. Ein Sog, mit einer nicht zu beschreibenden Geschwindigkeit. Sie wird den Ort, an dem sie sich befindet, verlassen und sie wird in ihre ursprünglichen Bahnen gebracht.

Je weiter Lady Gaia sich von dem Bewusstsein der Dualität entfernt, desto weiter wird sie sich in den zeitlosen Raum erstrecken. Lady Gaia wird wie durch einen Tunnel gezogen, und am Ende des Tunnels wird sie neu geboren werden. Wiedergeboren in der Wirklichkeit.

Gebe dir einen Augenblick Zeit, all dies auf dich wirken zu lassen. Erlaube dir, die Bilder zu fühlen und darin die Großartigkeit der Liebe zu erkennen. Denn glaube mir, nur die Liebe trägt die Kraft in sich, solche Wunder zu vollbringen. Und fühle, was es heißt, dass du – hohes kosmisches Licht – bereit warst, in dieser Zeit auf Lady Gaia zu inkarnieren und an diesem Wunder teilzuhaben.

Fühle die Präsenz der Engel, die vor dir knien und dir danken mit den Worten „An Anasha".

All dies wird geschehen, schon sehr bald. Alles wird sich dadurch ändern. Denn es wird die Dualität, die du kennst, nicht mehr geben. Du wirst dich permanent in der Wirklichkeit befinden – deinem wahren zu Hause.

Und auch möchte Kryon dir sagen, dass es viele Menschen geben wird, die nicht erwachen werden. Sie werden von all dem, was du wahrnimmst, nichts fühlen. Sie sind schlafend und sie werden in einer Art Hologramm auf einem Planeten, der Lady Gaia ähnlich ist, in einer Energiedichte der dritten bzw. der vierten Dimension weiter leben und du wirst aus deinem erwachten Zustand heraus zu diesen Menschen sprechen und ihnen deine Hände reichen, so, wie Kryon in diesem Augenblick dir seine Hände reicht. Du wirst ihnen mit deiner Liebe und Hilfe Unterstützung geben und ihnen dienend mit deinem Licht zur Seite stehen und sie werden die Möglichkeit haben, zu erwachen, so wie du es in dieser Zeit tust.

Oft werden mit dem Prozess des Überganges Jahreszahlen genannt, innerhalb dieser sich der Prozess vollständig vollzogen haben soll. Kryon möchte dir sagen, dass jeder Mensch auf Erden bis zum Jahr 2013 die Möglichkeit hat, in die Wirklichkeit zu gehen. Doch ist es schwierig, aus einem zeitlosen Raum heraus, Daten zu benennen. Lasse vielmehr jede Veränderung zu, die es dir ermöglicht, deine Schwingung zu erhöhen und erlebe, was es bedeutet, zu erwachen.

Kryon ist so bewegt in diesem Moment, dass es schwer fällt, die weiteren Botschaften durchzugeben. Ich weiß, was du bereit warst zu geben. Ich weiß von deinen Problemen der/die du diese Zeilen liest. Ich weiß wer du bist und durch was du hindurch gegangen bist. Ich weiß, wie viel Mut du aufgebracht hast um dort zu sein, wo du bist. Ich sehe dein Licht, das nur die eine Wahrheit kennt. Wie könnte ich von all dem nichts wissen – es ist nicht möglich – denn wir sind eine Familie und du bist mir so vertraut. Meine Liebe für dich ist unermesslich tief. Und so lass dich lieben von deiner Familie, die nie von dir gegangen ist.

Was bedeutet es nun für dich, wenn du dich permanent in einem Bewusstsein befindest, das der Wirklichkeit entspricht? Und darauf möchte Kryon zum Ende dieses Kapitels noch etwas näher eingehen.

Einfach ausgedrückt bedeutet es, dass du eine Grenzenlosigkeit in deinem Sein empfinden und leben wirst, die im Moment noch nicht vorstellbar für dich ist.

Die Dualität war gekennzeichnet von Begrenzungen und dem Nichtleben vieler deiner göttlichen Potentiale. Und eben diese Begrenzungen werden es sein, die dann in dem liegen werden, was du jetzt noch als Vergangenheit bezeichnest. Denn auch dein Empfinden der Qualität der Zeit wird sich verändern.

Du wirst lernen, wie du dich mit deinem Körper teleportieren kannst, du wirst materialisieren und dich mit anderen Lebewesen telepathisch verständigen können. Dies sind nur einige wenige der Veränderungen, die du dann erfahren wirst. Zu dem interessanten Thema der Telepathie werde ich dir zusammen mit Ashtar Sheran in einem späteren Kapitel mehr Informationen geben.

Auch wirst du frei darüber entscheiden können, ob du dich weiterhin von physischer Nahrung ernähren möchtest oder dich von der allumfassenden Liebe, dem Prana, ernähren willst. Letzteres ist auch jetzt schon möglich, und viele Menschen praktizieren es seit vielen Jahren.

Und Kryon sagt bewusst „dass du all das lernen wirst", denn es wird eine Zeit der Angleichung und Anpassung geben und sie wird nötig sein, in der du lernen bzw. dich daran erinnern wirst, mit all deinen göttlichen Potentialen umzugehen.

Auch wird es nach dem kollektiven Erwachungsprozess zu Begegnungen mit Bewohnern anderer Planeten kommen. Sie werden euch besuchen und sich frei auf Lady Gaia bewegen. Es wird tiefe Freundschaften und sogar Beziehungen mit ihnen geben. Sie freuen sich, die Vielfalt an Leben auf dem blauen Planeten zu erfahren.

Viele Lichtwesen werden dann in enger Beziehung mit euch stehen und euch bei der Entwicklung und dem Verständnis neuer Technologien behilflich sein. Einige Lichtwesen kommen von Planeten, die einen ähnlichen Erwachungsprozess durchlebten wie ihr es tut. Aus diesem Grund verstehen sie euch sehr gut und wissen um eure Belange.

Wichtig ist, und dies möchte Kryon hier in aller Deutlichkeit sagen, dass ihr keine Angst zu haben braucht vor diesen Begegnungen und Kontakten. Sehr lange Zeit gab es bei euch eine kollektive Schwingung, die besagte, dass Außerirdische euch besuchen wollen, und wenn dies geschehen ist, sie damit beginnen werden, euch Schaden zuzufügen. Dies ist eine verstaubte Ansicht und entstammt einer Zeitqualität, die nicht mehr existiert.

Und Kryon möchte dir die Wahrheit aufzeigen, indem ich dich frage: welches Lichtwesen kann dir in der Wirklichkeit begegnen und versuchen wollen, dir Schaden zuzufügen? Du siehst, es ist ein gedanklicher Sackbahnhof, in welchem du dich befindest.

Freue dich auf die kommenden Begegnungen und wisse, alle Begegnungen werden von Liebe und Frieden getragen sein und es wird dir nichts geschehen.

Und nun sind wir fast am Ende dessen, womit wir begonnen haben. Es wurden dir die Botschaften überbracht, die das kollektive Erwachen und den Erwachungsprozess von Lady Gaia betreffen. Kryon hat so gut es möglich war, dir die Informationen in Form von Bildern gegeben. Engel knieten dir zu Füßen und haben deine Hände gehalten.

Kryon wird nun beginnen, sich von dir zu verabschieden und die magnetische Liebesenergie zurückziehen. Dies geschieht, damit du die anderen Lichtwesen, die zu dir über dieses Buch sprechen werden, besser in ihrer eigenen Schwingung wahrnehmen kannst.

Du bist der Engel, der das Licht zur Erde bringt. Ich, Kryon, verneige mich vor dir und sage dir – ich liebe dich so, als wärst du mein eigenes Kind.

An Anasha
Kryon

Lichtsprache – ARI SO AM (Kryon)

Mein geliebter Freund, meine geliebte Freundin, Kryon kommt mit der unermesslichen Liebe der Allumfassenheit und der göttlichen Allgegenwärtigkeit in diesem Augenblick zu dir. Ich breite meine Arme aus und begrüße dich mit den Worten OMAR TA SATT.

Das Licht der Liebe brennt in dir, es brennt in deinem Herzen, es brennt in deiner Seele. Dieses Licht, welches du in dir trägst, beinhaltet das tiefe Wissen und Verstehen außerhalb dessen, was dein menschlicher Verstand dich glauben lässt.

Und dieses Wissen ist es, das in diesen Augenblicken, in denen du die Botschaften von Kryon liest, in dir empor gehoben wird. Du bist der menschliche Ausdruck von Gott auf Erden.

Lasse die Liebe, die sich zwischen dir und mir bewegt, deine Seele berühren. Ich, Kryon, halte deine Hand und bin ganz nah bei dir. Meine Freude ist grenzenlos, dem Engel, der Du bist, zu dienen und die Botschaften der neuen Zeit zu überbringen.

In dem Überbringen der Botschaften der neuen Zeit, möchte ich dir über die universelle Lichtsprache, genannt ARI SO AM, berichten. Es wird wichtig für dich sein, dein tiefes Wissen über diese Sprache des Lichtes, welches du in dir trägst, empor zu heben und dir wieder bewusst zu machen.

Sprache ist seit je her die wichtigste Form, um Informationen, Botschaften und Mitteilungen innerhalb der Dualität miteinander auszutauschen. Sie befähigt euch, miteinander in Kommunikation zu treten.

Nachdem Lady Gaia aus dem höchsten Bewusstsein des Lichtes erschaffen wurde, breitete sich der Ton aus, der die Sprache entstehen ließ und die es den Lebewesen ermöglichte, miteinander zu kommunizieren.

Und da Kryon weiß, das die Menschen dazu neigen, eine gegebene Information zu verallgemeinern, möchte ich dir sagen, dass Sprache eine Form von vielen ist, mit deren Hilfe Wesen in Kommunikation treten können.

Doch für die Übermittlung meiner Botschaften in diesem Kapitel, werde ich mich auf die menschliche Sprache und den Menschen beziehen.

Als die Engel begannen, sich auf dem Planeten Erde mit der Ausbildung ihres Chakrensystems menschlich zu erfahren, begann sich eine Form der Kommunikation von Tönen und Klängen unter ihnen zu entwickeln, die du heute als die menschliche Sprache kennst. Es war ein sehr langer Weg. Und die Informationen, die ich dir nachfolgend geben werde, werden sich auf die Zeit ab der Entwicklung eures menschlichen Chakrensystems beziehen.

Und da alles innerhalb der Dualität darauf ausgerichtet war, die Erfahrung des Getrenntseins zu erleben, entwickelte sich auch die menschliche Sprache in den unterschiedlichen Regionen zu unterschiedlichen Sprachen. Um es dir bildlich zu erklären, möchte ich dir folgende Information überbringen:

Stelle dir vor, das, was ihr als den Urton des Universums bezeichnet, wurde auf die Erde gebracht. Überall auf dem Planeten Erde lebten Menschen, die aufgrund der nicht vorhandenen technischen Entwicklung, nicht miteinander in Kontakt treten konnten und teilweise nichts von dem Vorhandensein anderer Menschen, z.B. auf der anderen Seite des Äquators wussten.

Die Telepathie war nur sehr gering bzw. nicht ausgeprägt. Die einzelnen Gruppen formten aus dem Urton heraus ihre individuelle Sprache, mit der sie sich innerhalb der eigenen Gruppe verständigen konnten.

So wurde es möglich, dass die einzelnen Gruppen aus dem Urton ihre individuellen Laute, genannt Sprache, formten und entwickelten. Zu Beginn dieser sprachlichen Entwicklung bezog sich der Ausdruck nur auf das Notwendigste. Mit zunehmender kultureller Entwicklung und dem Entstehen sozialer Strukturen, begann sich die menschliche Sprache rasant zu entwickeln.

Vielleicht wirst du dich fragen, weshalb es dazu kam, dass viele unterschiedliche Sprachen aus einer Grundfrequenz heraus entstehen konnten. Konnte es nicht sein, dass in zwei Regionen von Lady Gaia dieselbe Sprache entstehen konnte?

Kryon möchte dazu sagen, dass es für die Beantwortung dieser Frage wichtig ist, die Schwingung von Lady Gaia in dem Gebiet, in der die einzelnen Sprachen sich entwickelt haben, zu berücksichtigen und mit einzubeziehen.

Die unterschiedlichen Erdschwingungen in den verschiedenen Regionen trugen dazu bei, dass aus einem Grundmuster des göttlichen Urtons heraus, innerhalb der Dualität es zu verschiedenen Entwicklungen desselben kommen konnte.

Somit wurde der Gesetzmäßigkeit der Dualität Rechnung getragen und in dem Benutzen der menschlichen Sprache konnte das Gefühl der Trennung erfahren werden. Gleichzeitig, und diese Information ist vielleicht neu für dich, wurde hinter der menschlichen Sprache ein Grundmuster gelegt, welches es ihren Benutzern ermöglichte, sich mit ihrem Ausdruck innerhalb der Dualität zu bewegen.

Vielen von euch ist diese Situation bekannt, dass, wenn du etwas beschreiben möchtest, dir die notwendigen Worte dazu fehlen, da die menschliche Sprache in ihrem Ausdruck sehr begrenzt ist. Du kannst es in dir fühlen, was du sagen möchtest, aber es gibt keinen Ausdruck in der menschlichen Sprache dazu.

Je weiter sich ein Bewusstsein entwickelt, beginnt es Worte zu verwenden und miteinander zu kombinieren, die eine vollkommen andere Schwingung erzeugen und in sich tragen. Der höchste Ausdruck des sich Verständigens mit Hilfe der Sprache, ist das Benutzen der Sprache des Lichtes. Für dich bedeutet dies, das Verwenden der Lichtsprache ARI SO AM.

Und Kryon möchte dir mitteilen, dass die menschliche Sprache, so wie du sie heute benutzt, sich im Verlauf eurer Entwicklung mit euch mitentwickelt hat. Dies ist eine Besonderheit in eurem Universum. In keinem anderen Universum, in dem eine Sprache des Lichtes zur Verständigung benutzt wird, entwickelt sich die Sprache mit dem Bewusstsein ihrer Bewohner mit.

Die Entwicklung der Sprache, die sich an die unterschiedlichen Entwicklungsstufen der Bewohner anpasst, kann nur in einem Umfeld geschehen, indem sich die Allumfassenheit des göttlichen Gedankenfeldes nicht vollständig enthüllt hat. In den hohen Ebenen des Lichtes, aus denen Kryon zu dir spricht, existiert eine Sprache des Lichtes, welche sich in ihrer Form nicht mehr entwickeln kann, denn sie trägt die höchste Schwingung der göttlichen Quelle in sich.

Es existieren in den verschiedenen Universen unterschiedliche Formen der Sprache des Lichtes. So wie auf dem Planeten Erde jedes Land seinen Ausdruck der menschlichen Sprache besitzt, gibt es auch in vielen Universen einen unterschiedlichen Ausdruck der Sprache des göttlichen Lichtes.

Die Lichtsprache, die in eurem ersten zentralen Universum als die universelle Lichtsprache angesehen wird, trägt den Namen ARI SO AM. Es ist die Sprache der Elohim, die in sich ein Grundmuster der Schwingung trägt, das besagt, dass ein jedes Wesen, welches diese Sprache benutzt, daran erinnert wird, dass es göttlich ist.

Somit kannst du verstehen, weshalb es in der nächsten Zeit dienlich für dich sein wird, die Sprache des Lichtes ARI SO AM wieder zu erlernen. Du trägst in dir den göttlichen Kern des Wissens, du trägst in dir das göttliche Wissen der Sprache der Elohims. Du trägst in dir das Wissen der lichten Sprache von ARI SO AM. ARI SO AM ist der sprachliche Ausdruck des göttlichen Atems in seiner höchsten Form.

Kryon sagt dir, dass ein jeder Mensch auf Erden, der sich entscheidet, den großen Schritt der Transformation geschehen zu lassen, um den Wechsel der Dimensionen zu erleben, die Lichtsprache wieder erlernen und sich mit ihrer verständigen wird.

Mit jedem Wort, dass du in der Lichtsprache kommunizieren wirst, wird dein Lichtkörper erhellt und du beginnst dich auszudehnen in die Ebenen des Lichtes hinein.

Um dir zu verdeutlichen, welche tragende Rolle dem Benutzen der Lichtsprache von ARI SO AM zukommt, möchte Kryon dir sagen, dass alle lichten Wesen im ersten zentralen Universum sich dieser Sprache bedienen.

Wenn der Wechsel der Dimensionen sich vollzogen hat, werden Bewohner anderer Planeten in dem höchsten Ausdruck der göttlichen Sprache von ARI SO AM in die direkte Kommunikation mit dir gehen.

Während du diese Botschaften liest, strömen unaufhörlich die Schwingungen von ARI SO AM in deinen Lichtkörper hinein. Sie öffnen dich für das Neue. Sie öffnen dich für das Wissen der neuen Zeit.

Und so möchte Kryon dir ein Geschenk überbringen, welches das Aktivieren deines Wissens an die Lichtsprache von ARI SO AM in sich trägt. Nimm dir einen Augenblick Zeit und erlaube es dir, tief in deinem Inneren zu fühlen.

Kryon wird jetzt mit Hilfe der magnetischen Schwingung dein inneres Wissen von ARI SO AM aktivieren (Fühle für einen Moment, was in dir geschieht).

Es kann sein, dass Tränen der Liebe geflossen sind, da du in dir gefühlt hast, dass du deinem wahren zu Hause einen Schritt näher gekommen bist.

In den folgenden Kapiteln, werden dich die lichten Wesen immer wieder mit der lichten Sprache von ARI SO AM begrüßen. Es wird deinen Weg des Erwachens und des Erinnerns unterstützen und wenn du möchtest, antworte du den lichten Wesen mit den Worten des Lichtes.

Sei dir versichert, dass der höchste Ausdruck des göttlichen Atems, deinen Lichtkörper in seiner Schwingung emporheben wird.

Und so war es Kryon eine Freude, dir diese Botschaften überbringen zu dürfen und ich verabschiede mich von dir und lasse die Schwingung von ARI SO AM mit den Worten:

„A ni o´heved o´drach – Du wirst unermesslich geliebt"

in dich einströmen.

Und so ist es.

An Anasha
Kryon

Das Lichtschiff (Adonai Ashtar Sheran)

Seid gegrüßt meine Freunde,

ich bin Adonai Ashtar Sheran, Kommandant der vereinigten Lichtflotte, angehörig der Konföderation des galaktischen Friedens. Ich grüße dich aus dem Licht der Wirklichkeit heraus und beginne in diesem Augenblick, da du diese Worte liest, meinen weißen zirkulierenden Lichtstrahl der Liebe und der Kraft auf dich zu richten, sodass du meine Gegenwart tiefer spüren kannst.

Adonai Ashtar Sheran ist in allen Universen als ein Botschafter des Friedens bekannt. Ich diene dem Licht und unterstütze in meiner Funktion als Vermittler und Abgesandter der Konföderation, den Erwachungsprozess von Lady Gaia.

Ich möchte dir mehr von den Aufgaben und der Arbeitsweise des höheren Lichtkommandos, zu welchem das Ashtarkommando zählt, erläutern. Vieles wurde schon darüber geschrieben, welche Aufgaben Ashtar Sheran im Universum inne hat und so ist es mir eine Freude, die schon bestehenden Informationen zu ergänzen.

Mein Aufenthaltsort im Universum ist ein Lichtschiff von einem Ausmaß, das es durch keine dir bekannte Größe in deiner Mengen- und Flächenlehre zu definieren wäre. Und doch möchte ich versuchen, es dir in seiner Form zu erläutern, um dir eine Vorstellung von dem zu geben, was sehr bald Teil deiner Realität beinhalten wird. Und auch ich werde zeitgleich, während ich die menschliche Sprache als Übermittler der Informationen benutze, dir den Inhalt meiner Worte als Bilder übermitteln.

Auch du, der/die du diese Zeilen liest, bist mir sehr vertraut. Ein jedes Lebewesen auf Lady Gaia ist mir und natürlich auch den vielen anderen hohen Lichtwesen bekannt. Da deine Wahrnehmung des Lebens mehr auf die Singularität ausgerichtet ist und der menschliche Verstand viele Situationen einzeln und losgelöst von vielem, wie einzelne Bilder oder Sequenzen eines ganzen Filmes betrachtet, kann in dir der Gedanke entstehen, ob die lichten Wesen bei einer so großen Anzahl von Leben auf dem Planeten Erde, dich überhaupt sehen können.

Oder ist es möglich, dass du übersehen wirst? Und Adonai Ashtar Sheran möchte dir in aller Liebe sagen, es ist nicht möglich, ein hohes kosmisches Licht auf Erden zu übersehen. Unsere Wahrnehmung von allem was ist, ist eine gänzlich andere als es deine ist – wir sehen den ganzen Film, von dem du oftmals nur einzelne Bilder sehen kannst. Uns ist es möglich, alles gleichzeitig zu sehen und zu erfassen, jede noch so kleine Veränderung auf Lady Gaia bleibt unserer Wahrnehmung nicht verborgen.

Wir sehen dich und dein Wirken. Wir können deine Absicht, die du in dir trägst, erkennen. Denn wir sehen nicht nur deinen physischen Körper und das, was er tut, sondern wir nehmen alles war, was diesen Körper erschaffen hat, welchen Weg er auf Erden zurückgelegt hat, welche Energien er in sich trägt, was diesen Menschen beschäftigt und vieles mehr.

Doch nun möchte ich zum eigentlichen Thema zurückkehren und dir mehr von dem großen Lichtschiff erzählen, welches mein Aufenthalts- und Wirkungsort im Universum ist. Meinen Ursprung habe ich auf dem Planeten Venus. Vielleicht ist es hilfreich, wenn ich dir zum besseren Verständnis sage, dass die Lichtschiffe in euren Filmen, die euch unter der Rubrik Science Fiction bekannt sind, eine annähernde Beschreibung von der Form geben, wie sie wirklich sind.

Viele der Filmemacher und Autoren, die in ihren Werken unsere Flugobjekte thematisieren, werden oftmals von uns inspiriert, und wir senden ihnen Bilder bzw. sie befinden sich sehr oft nachts, wenn sie schlafen, mit ihrem ätherischen Körper auf einem dieser Schiffe und können es dann mit ihrem menschlichen Bewusstsein in ihren Werken einbinden, soweit sie sich an ihre inspirierenden Träume erinnern. Einiges von dem was sie sehen, können sie nicht in menschliche Worte fassen, da es außerhalb dessen liegt, was ihr euch vorstellen könnt und es somit keine begriffliche Zuordbarkeit gibt. In diesen Fällen bedienen sie sich, genau wie ich und die anderen Lichtwesen es in diesem Buch tun, der Bilder.

Stelle dir vor, du blickst in den zeitlosen Raum, genannt Kosmos, hinein. Und du wirst sehen, dass er nicht dunkel ist, wie viele von euch annehmen, sondern dass dort ein farbenfrohes Pulsieren von vielen unterschiedlichen Schwingungen vorhanden ist. Der Grund, weshalb ihr den Kosmos als dunkel seht, liegt in der begrenzten Wahrnehmbarkeit des gesamten Farbspektrums eurer Augen begründet. Viele Farben in ihrer wunderschönen Schwingung bleiben euren Augen, genauer gesagt eurem Gehirn, verborgen.

In dieser unendlichen Zahl von Schwingungen und buntem Treiben, befindet sich eine sehr große materieähnliche Form, mein Lichtschiff. Es ist in seiner Höhe größer als es ein architektonisches Gebäude auf dem Planeten Erde je sein kann. Aus dem Inneren heraus strahlt das Licht der einzelnen Ebenen in das Universum hinein und lässt das Lichtschiff in seinen Farben wunderschön erstrahlen.

Viele Bewohner unterschiedlicher Planeten kommen auf das Lichtschiff, um sich zu erholen, sich zu regenerieren aber auch, um sich fortzubilden oder sich auf der medizinischen Ebene behandeln zu lassen. Es finden auch große interplanetare Konferenzen mit Bewohnern anderer Planeten hier statt. Viele Wissenschaftler befinden sich an Bord und mit Hilfe von sehr hoch entwickelter Technologie sind wir einzelnen Planeten bei ihrem Entwicklungsprozess behilflich.

Was Adonai Ashtar Sheran am Herzen liegt, ist dir mitzuteilen, dass es sehr viel Natur auf unserem Lichtschiff gibt. Es ist keine kalte, sterile Atmosphäre, wie manche meinen mögen, sondern es existieren riesige Parks, Wälder, Seen, Flüsse und Berge auf dem Schiff. Auch gibt es vielerlei Arten von Tieren und alle leben friedlich und gemeinschaftlich zusammen. Für einige Lichtwesen dient das Lichtschiff als Ausgangspunkt, um Lady Gaia tiefer zu erkunden und sie für einen kurzen Zeitraum zu besuchen. Doch dazu möchte Adonai Ashtar Sheran dir später mehr erzählen.

Bevor ich dir den inneren Aufbau näher bringe, möchte ich dir noch sagen, dass sich das Lichtschiff in seiner Ausrichtung um seine eigene Achse dreht. Es ist nicht fest im zeitlosen Raum verankert, sondern es bewegt sich um sich selbst herum.

Auf dem großen Schiff befinden sich viele kleinere Schiffe, die für verschiedene Aufgaben im Universum zur Verfügung stehen. So z.B. bringen sie Mitglieder des Ashtarkommandos zu entfernten Planeten, wenn diese um Hilfe gebeten werden. Andere kleinere Lichtschiffe haben mit ihrer Besatzung die Aufgabe, die magnetischen Gitterausrichtungen von Lady Gaia zu beobachten und zu messen. Sie befinden sich ständig um Lady Gaia herum und bewegen sich am Rande des magnetischen Gürtels entlang. Und es gibt so etwas, was du vielleicht als eine kosmische Taxe bezeichnen würdest. Lichtschiffe, die Bewohner von ihren Heimatplaneten auf das Lichtschiff und wieder zurückbringen.

Du siehst, unser Alltag ähnelt in vielem dem, was du auf dem wunderschönen blauen Planeten erlebst. Auch wir gehen verschiedenen Tätigkeiten nach und Ashtar Sheran möchte dir sagen: Auch aus unserer Arbeit ziehen wir mit jeder Veränderung neue Erkenntnisse und erfahren etwas, was dir sehr bekannt vorkommt – wir lernen dazu.

Denn auch dies ist eine Illusion der Dualität, dass ein lichtes Wesen nicht mehr seinen Schatz an Erfahrungen erweitern braucht, dass es ein Lernen in unseren Bereichen nicht mehr gibt. Lass es mich an einem Beispiel erklären:

Es gibt sehr viele hoch entwickelte Lichtwesen im Universum. Unzählige an der Zahl. Viele von ihnen sind Experten in den verschiedensten Bereichen z.B. was das Verlagern, Verschieben und Neuausrichten von Magnetfeldlinien im Universum betrifft. Kein anderes Lichtwesen hat dieses Wissen und diese Erfahrung damit. Nur haben diese Lichtwesen keine oder nur wenig Erfahrung mit den Gegebenheiten eures Planeten und sie müssten, wollten sie euch bei eurem Erwachen behilflich sein, die Hilfe und Erfahrung anderer Lichtwesen in Anspruch nehmen, die mit euren Gegebenheiten tiefer vertraut sind, um ihnen die Auswirkung der Veränderung eurer Gitternetze zu erklären. So wenden sich z.B. viele Lichtwesen an Kryon, um mehr über eure Gegebenheiten im Zusammenhang mit der Ausrichtung des Gitternetzes eures Planeten zu erfahren.

Und in dem Erhalten der Informationen setzt eine Lernerfahrung für diese hohen Lichtwesen ein. Nun kannst du vielleicht die Aussage besser verstehen, dass die lichten Wesen, welche euch bei eurem Erwachen begleiten, ausgewählt werden und Spezialisten in ihrem ganz individuellen Wirken sind.

Ich möchte an dieser Stelle Kryon für sein unermüdliches Wirken danken. Kryon ist eine so warmherzige und liebevolle Wesenheit und es ist mir eine Freude, euch zusammen mit Kryon in einem späteren Kapitel mehr über Telepathie zu berichten. Doch nun zurück zu der Erklärung des höheren Lichtkommandos.

Zu dem höheren Lichtkommando, welche die Konföderation des Friedens bildet, zählen viele Bewohner unterschiedlicher Planeten, die unter der Koordination von Ashtar Sheran im Auftrag des Friedens, ihre Mission erfüllen. Viele Planeten sind der Konföderation angehörig und bilden, mit ihren einzelnen Lichtflotten in der Gesamtheit, das höhere Lichtkommando, welches sich zum Ziel gesetzt hat, alle sich in der Entwicklung befindlichen Planeten mit dem höchsten Licht der Liebe und des Friedens auf ihrem ganz individuellen Weg ihrer Entwicklung zu begleiten und zu unterstützen.

Adonai Ashtar Sheran ist der Kommandant aller sich im Zeichen der Konföderation befindlichen Lichtschiffe im Universum. Wir bewegen unsere Lichtschiffe mit Hilfe der Gedankenkraft. Keine anderen mechanischen Teile oder Verbindungen sind notwendig, um die Schiffe zu navigieren. Es gibt auch Schiffe, die sich mit Hilfe der Sonnenenergie fortbewegen können.

Was für dich vielleicht sehr interessant ist, ist die Tatsache, dass die meisten Bewohner der anderen Planeten im Universum eine andere chemische Zusammensetzung ihres Körpers besitzen als du. Der Körper vieler Lichtwesen ist auf Silizium aufgebaut, wohingegen deiner aus Kohlenstoffverbindungen besteht. Allen Bewohnern in der Wirklichkeit ist eins gemeinsam – die Liebe zum Schöpfer, der Quelle allen Seins.

Auch gibt es Planeten, auf denen kein Wasser vorhanden ist. Die Bewohner benötigen kein Wasser um zu sein. Vielleicht kannst du dir vorstellen, dass es sie erfreuen wird, euer erfrischendes Nass kennen zu lernen und sich im wahrsten Sinne des Wortes darin zu baden.

Sie wissen auch, dass es für dich viele interessante Dinge auf ihren Planeten zu entdecken gibt. Es werden wundervolle Begegnungen entstehen, die den Samen der Entwicklung beider Seiten in sich tragen.

Adonai Ashtar Sheran möchte dich nun einladen auf eine Reise zu meinem Lichtschiff. Auch wenn du es für unmöglich hältst, so möchte ich dir sagen, dass genau in diesem Moment, ein Lichtstrahl von dem reinsten und kristallinsten Licht aus dem Mutterschiff von Ashtar Sheran dein Herz berührt. Somit fällt es mir leichter, einzelne Anteile von dir auf das Lichtschiff mitzunehmen, um es dir zu zeigen und es dir näher zu bringen. Kein Anteil von dir wird dabei verloren gehen, denn du befindest dich im Lichtstrahl der höchsten Liebesenergie.

Für dich bedeutet es, dass du drei Eindrücke gleichzeitig bekommst: den Eindruck der geschriebenen Worte, die du in diesem Augenblick liest, verbunden mit der dahinter verankerten Energie aus der Wirklichkeit und den Eindrücken deiner vielen Anteile von dir, die sich in diesem Augenblick auf dem Lichtschiff von Adonai Ashtar Sheran befinden und dir ihre Eindrücke in Form von Bildern senden. Es kann sein, dass dir etwas schwindlig dabei wird. Und der dritte Eindruck, der dich erreichen wird, ist der Eindruck des Fühlens. Du wirst die Botschaften fühlen können.

Du wirst spüren, wie du immer mehr das Lichtschiff um dich herum wahrnehmen wirst, je mehr die Energie, die ich hinter den Worten verankert habe, sich mit dem Lichtstrahl in deinem Herzen verbinden kann. Du brauchst dich nicht bewusst auf mein Lichtschiff zu bewegen, du wirst es mit jedem Wort, das du liest, aus deinem Inneren heraus spüren können und auch die Bilder werden klarer werden.

Setze dich nicht unter Druck, glaube und vertraue Adonai Ashtar Sheran, dass es möglich, ist und genau in diesen Momenten geschieht.

Und nun lass uns beginnen, mit einem Rundgang und einer Führung auf dem Mutterschiff von Ashtar Sheran. Es ist ein Lichtschiff von riesiger Ausdehnung. Vielleicht kommt dir das Lichtschiff vertraut vor, und ich weiß, dass einige von euch in diesem Augenblick ein starkes Gefühl von Vertrautheit, ja vielleicht von Heimat in ihrem Herzen verspüren und Tränen der Freude fließen.

Und ich spreche zu all denjenigen unter euch, denen solange kein Gehör geschenkt wurde, wenn sie um ihre realen Erfahrungen auf meinem Lichtschiff berichten wollten. Adonai Ashtar Sheran ist an deiner Seite und sagt dir, es wird nicht mehr lange dauern und deinen Berichten wird Gehör geschenkt werden.

Viele von euch befinden sich nachts im Schlaf auf meinem Lichtschiff. Einige können sich daran in ihrem Wachbewusstsein erinnern. Es ist real. Für uns macht es keinen Unterschied, ob du mit deinem physischen Körper anwesend bist oder mit deinem Lichtkörper hier verweilst. Doch in deiner Realität sieht es anders aus. In deiner Realität wird nur das als wahr angesehen, was du mit deinem physischen Körper erlebt hast. Alles andere wird in den Bereich der Phantasie und des Traumes gelegt.

Doch nun erlaube es dir, die Energie des Lichtschiffes zu spüren. Vielleicht nimmst du auch Lichtmuster wahr, die sich frei bewegen und sich immer wieder in einem angenehmen Rhythmus verändern – alles ist möglich.

Hier gibt es große Flure, die in einem wunderschönen Licht getaucht sind, welches sich je nach Bedarf ändert und somit dem jeweiligen Bedürfnis optimal angepasst werden kann. Denn es ist so, dass jeder Augenblick zu unserer inneren Har-

monie beiträgt. Selbst auf den Wegen von A nach B werden diese Aspekte eingehalten. So wird durch die Lichtangleichung unsere innere Harmonie auf den Wegen durch die Flure z.B. zu Konferenzen nie gestört und wir kommen entspannt und ausgeglichen an unserem Zielort an.

Bei euch verhält es sich oft anders. Viele von euch werden schon durch die Wege zu ihrem Ziel so in ihrer inneren Harmonie gestört, dass sie sehr unausgeglichen in Beratungen oder Konferenzen gehen.

Ashtar Sheran möchte dir nun zwei ganz spezielle Räume zeigen, und dazu folge mir einfach und lass dich von mir führen. Die Worte, die du nun zu lesen beginnen wirst, werde ich mit der inneren Schwingung des ersten Raumes hinterlegen, so dass du diesen Raum besser fühlen kannst.

Der erste Raum, den ich dir zeigen möchte, ist ein Raum bzw. eine Ebene der Erholung deines Seelenkörpers. Viele Bewohner kommen auf diese Ebene, um ihrer Seele Erholung zukommen zu lassen. Auch lassen sich hier Bewohner nach anstrengenden, länger dauernden Aufenthalten außerhalb des Lichtschiffes, ihre Matrix, ihre Grundschwingung analysieren, um sich dann mit den geeigneten Farbschwingungen beschwingen zu lassen, um sich zu erholen.

Wenn ich nun die Tür öffne, gehe mit mir gemeinsam hindurch. Lass dieses Hindurchgehen ganz einfach aus deinem Inneren geschehen, strenge dich nicht an dabei.

Sieh dich im Inneren des Raumes um und lass ihn in Ruhe auf dich wirken. Setze dich nicht unter Druck. Und wenn du keine Bilder sehen kannst, dann erlaube dir zu fühlen. Deine Seele wird in diesem Augenblick mit einer Farbschwingung und leichten Tönen verwöhnt, die deiner inneren Struktur erlauben, sich zu entspannen. Sie wird in ihre optimale Schwingung gebracht. Denn auch in der Schwingung deiner Matrix, gibt es eine optimale Lichtstruktur, d.h. eine Anordnung von Schwingungen des Lichtes, der Farben und Töne, die kräftigend und stabilisierend auf dich wirken, wenn sie untereinander ausgerichtet sind.

Mit irdischen Worten ausgedrückt, Wellness für deine Seele. Vielleicht kannst du einen sanften, leichten Strom der Energie spüren, der durch deine Zellen fließt und auf körperlicher Ebene diese Entspannung geschehen lässt.

Genieße diesen Augenblick so, wie ihn deine Seele genießt, denn sie beginnt sich auszudehnen und sich weiter in den zeitlosen Raum zu entfalten. Je tiefer du diesen Raum erfährst, wirst du feine Klänge wahrnehmen und vielleicht auch Lichtmuster, die sich durch den Raum bewegen, sehen (wenn du möchtest, verweile einen Augenblick hier bevor du weiterliest).

Du kannst, wann immer du willst, an diesen Ort zurückkehren und dich erholen und regenerieren. Du wirst spüren, dass es eine ganz besondere Art der Erholung für dich sein wird.

Doch nun lass uns diesen Raum wieder verlassen, denn ich möchte dir einen anderen Raum zeigen, und so folge mir wieder durch die Tür hindurch zurück auf den Flur.

Den zweiten Raum den ich dir zeigen möchte, ist der Raum einer riesigen Bibliothek. Du wirst überrascht sein, denn deine Vorstellung von einer Bibliothek wird vollständig überarbeitet werden müssen. Und so folge Adonai Ashtar Sheran bis vor die Tür dieses Raumes bzw. dieser Ebene.

Doch bevor wir gemeinsam diesen Raum betreten, möchte ich dir noch ein paar Informationen zu dem Inhalt geben, welcher sich hinter dieser Tür befindet. Die Bibliotheken, die sich auf unserem Lichtschiff befinden, unterscheiden sich sehr von den dir bekannten Bibliotheken auf dem blauen Planeten Erde. Obgleich uns Bücher nicht fremd sind und sich auch viele davon auf dem Lichtschiff befinden, nutzen wir eine andere Form der Informationsspeicherung, -archivierung und -weitergabe. Das Wissen, welches uns aus dem gesamten Universum zur Verfügung steht, wird in Form von Hologrammen gespeichert. Hologramme sind unsere Bücher in der Wirklichkeit.

Auch Hologramme sind dir aus euren Filmen bekannt. Doch möchte Ashtar Sheran dir sagen, dass euch eine wichtige Information dabei vorenthalten wurde. Die Hologramme, so wie wir sie benutzen, um Informationen in den riesigen Bibliotheken zu speichern, beinhalten neben der visuellen und akustischen Information auch eine fühlende Information. Es ist uns möglich, den Inhalt von Hologrammen zu fühlen, um eine gewünschte Information mit all ihren Aspekten zu erfahren.

Wie entstehen nun diese Hologramme und wie werden sie für die gewünschte Informationsausgabe aktiviert? Lass mich dir dazu mehr Informationen geben. Wie ich dir in einem Abschnitt am Anfang dieses Kapitels mitteilte, manövrieren wir unsere Lichtschiffe mit Hilfe der Gedankenkraft. Die Gedankenkraft ist ein sehr wichtiger Aspekt unseres kosmischen Wirkens.

Vieles wird mit dieser Kraft ausgeführt und verrichtet. Als ergänzende Information möchte ich dir sagen, dass das Gebrauchen unserer Gedankenkraft untrennbar mit dem Verschmelzen unserer Herzensenergie verbunden ist. Sie bilden somit eine Einheit. Dadurch wird sichergestellt, dass jeder Bewohner aus dem höchsten göttlichen Aspekt seines Seins heraus handelt. Sehr vereinfacht ausgedrückt, entstehen die Hologramme zur Speicherung von Informationen mit genau derselben Kraft – der Gedankenkraft.

Mit derselben Energie erfolgt auch das Abrufen der gewünschten Information. Um einem Hologramm einen Rahmen, eine Matrix zu geben, sind verschiedene Schritte notwendig. Vereinfacht kann man sagen, dass ein neues Hologramm durch das kombinierte Benutzen von hochfrequenten Lichtkristallen entsteht, die dem Hologramm eine Matrix geben.

So wie du in einer Bibliothek auf der Erde, nach einem Buch mit einem bestimmten Inhalt suchst und dich oftmals durch Kataloge wälzen musst, bzw. es eine nette Bibliothekarin für dich tut, ist das Einzige, was es hierfür bei uns benötigt, unsere Gedanken auf die Information zu richten und das Hologramm mit der entsprechenden Information erscheint sofort. Es gibt verschiedene Bereiche innerhalb der Hologrammbibliothek. Ich möchte dir nur zwei davon nennen.

Zum einen ist es ein öffentlich zugänglicher Bereich, der Informationen des gesamten Universums beinhaltet – zum anderen ist es ein, nach eurer Bezeichnung, privater Bereich, indem die Aufzeichnungen von einzelnen individuellen Lichtwesen gespeichert sind.

Diese Lichtwesen, deren Informationen dort gespeichert sind, werden im gesamten Universum sehr verehrt. Es sind die Informationen der Lichtwesen, die sich selbst als Menschen bezeichnen. Es sind deine Informationen. Alles, was den individuellen Weg deiner Seele betrifft, ist hier in Form von Informationen gespeichert. Auch deine Informationen sind hier in diesen Räumen gespeichert. Die Informationen deiner Seele, deiner menschlichen Entwicklung. Nur deine Seele selbst und einige sehr hoch entwickelte Lichtwesen, können diese Informationen abrufen. Adonai Ashtar Sheran weiß, dass dich diese Informationen tief in deinem Herzen berühren, denn es geht um dich – um dich ganz allein.

Interessant für dich ist vielleicht diese Information, dass die abgespeicherten und in Hologrammen befindlichen Informationen, immer mit einer bestimmten Schwingung umgeben sind bzw. sich in ihr bewegen.

Was bedeutet dieses nun? Es bedeutet, dass sich ein Bewohner, der eine bestimmte Information abrufen möchte, sich mit seinem eigenen Schwingungsfeld der Liebe, in einer genau definierten Ausdehnung befinden muss. Befindet er sich nicht mit seiner eigenen Schwingung in der unteren, für diese Information definierten Schwingungsbreite, wird ihm diese Information nicht zugänglich sein. Somit wird sichergestellt, dass jeder Bewohner nur die Informationen abrufen kann, die für ihn mit seinem jeweiligen Schwingungszustand möglich ist.

Du kennst diesen Vorgang aus deinem Alltag in einer etwas anderen Weise. Bei euch wird oft das Alter eines Menschen berücksichtigt, um darüber zu entscheiden, ihm eine bestimmte Information zugänglich zu machen oder nicht. Und da es in den Bereichen, aus denen Adonai Ashtar Sheran zu dir spricht, kein Alter gibt, beziehen wir die momentane Schwingung des Lichtwesens mit ein, um zu überprüfen, ob ihm eine Information zugänglich gemacht wird oder nicht.

Nebenbei bemerkt, ist die Form des Ermittelns eines Schwingungszustandes eine weitaus aussagekräftigere Methode um zu sehen, wie weit sich ein Wesen in seiner Liebesenergie ausgedehnt hat, als es anhand des Alters zu tun. Denn viele

Menschen sind in ihrem Alter schon weit fortgeschritten, doch haben sie sich in ihrem eigenen Licht der Liebesenergie nicht weit ausgedehnt. Viele Informationen können sie deshalb nicht erfassen.

Gerade die Informationen, die wir den Menschen in dieser und in der kommenden Zeit geben, werden von vielen Menschen nicht verstanden werden. Und dies liegt nicht daran, dass sie zu jung für unsere Informationen sind – im Gegenteil, es liegt an der Ausdehnung der Liebesenergie in ihrem Inneren und damit ist untrennbar ihre Bereitschaft für das Öffnen der Informationen der neuen Zeit verbunden.

In diesem Zusammenhang möchte Adonai Ashtar Sheran dir mitteilen, dass es im Universum Planeten gibt, welche ihren gesamten Entwicklungsprozess von Bewohnern leiten lassen, die gemessen in eurer Zeitvorstellung zwischen 15 und 20 Jahre alt sind.

Doch nun zurück zu dem Raum der Bibliothek, welchen ich dir zeigen möchte. Lass dir einen Augenblick Zeit, um die Schwingung der Bibliothek zu fühlen. Ich werde jetzt die Tür öffnen und gemeinsam mit dir durch die Tür den Raum betreten. Die Anteile von dir, die sich auf dem Lichtschiff befinden, senden dir Bilder und ich gebe dir einen Moment Zeit, diese Bilder zu erfassen.

Experimentiere mit dem Abrufen von Informationen. Es kann dir nichts geschehen. Du wirst sehen, dass es Informationen gibt, die dir nicht gegeben werden und andere Informationen werden sich vor dir in einer 4D-Welt aufbauen. Einen kleinen Hinweis möchte ich dir geben – rufe doch einmal die Information zu Lady Gaia ab oder die deines Ursprunges.

Lasse dir Zeit – Adonai Ashtar Sheran ist bei dir.

Wer „füttert“ nun diese Hologramme und aktualisiert sie und hält sie auf dem neuesten Stand der Informationen? Es sind Lichtwesen, die nur dieser Tätigkeit auf dem Lichtschiff nachgehen und die neuen Informationen, z.B. über den Erwachungsprozess von Lady Gaia und den Menschen immer wieder aktualisieren. Und sie geben die Ergebnisse von Messungen, die im magnetischen Feld von Lady Gaia vorgenommen wurden, in die Matrix der Hologramme ein. Somit wird gewährleistet, dass alle Informationen den aktuellen Veränderungen entsprechen.

Nun bitte ich dich, gemeinsam mit mir diesen Raum wieder zu verlassen und gehe einfach mit mir durch die Tür hinaus. Langsam werden alle Anteile deines Seins, welche sich auf dem Lichtschiff befunden haben, wieder in deinen physischen Körper integriert.

Es war mir eine Ehre und zugleich eine sehr große Freude, dir mein Lichtschiff näher zu bringen. Adonai Ashtar Sheran möchte dir sagen, du bist jederzeit willkommen auf meinem Lichtschiff.

Da ich mich in meinem Bewusstsein sehr weit entwickelt habe, ist es mir möglich, jede Form anzunehmen. Und so möchte ich dir mitteilen, dass auch ich mich mehrmals, für eine kurze Zeit, auf eurem wunderschönen Planeten Erde bewegt habe, um mit Menschen in Kontakt zu treten.

Oftmals waren es Menschen in keiner besonderen politischen oder gesellschaftlichen Stellung. Wir haben gesehen, dass diese Menschen in ihrem Herzen offen waren und traten mit ihnen in Kontakt.

Vor vielen Jahren haben wir versucht, mit verschiedenen Menschen in Kontakt zu treten, die in eurer Realität darüber entscheiden, welche Wege ihr kollektivmäßig zu gehen habt. Es waren die Oberhäupter eurer Regierungen. Obwohl viele von ihnen in ihrem Alter schon weit entwickelt waren, fehlte es ihnen an der notwendigen Ausdehnung der Liebesenergie, um die Botschaften der Liebe und des Friedens, die wir ihnen überbrachten, zu verstehen.

Und so möchte ich dir als letzte Information die Botschaft überbringen, dass wir von den bevorstehenden Schwierigkeiten wussten, in Kontakt mit den Oberhäuptern eurer großen führenden Staaten zu kommen, um ihnen einen friedlichen Weg aus der desolaten politischen Lage aufzuzeigen. Aus diesem Grund versuchten wir über das Medium „Buch" und „Film" unsere Botschaften den Menschen zu überbringen. So hat Adonai Ashtar Sheran selbst vor mehr als 50 Jahren zwei Menschen inspiriert, in ihren Werken die Botschaften der

Konföderation des Friedens einzubinden und den Menschen zu übermitteln. Das erste filmische Werk, in dem wir unsere Botschaften an die große Masse der Menschen weitergaben ist euch unter dem Namen „Der Tag, an dem die Erde still stand" bekannt. Dies war die erste Übermittlung der Botschaften der Konföderation auf die Leinwände eurer Welt.

Wir hofften, dass die Zeit kommen würde, in der unsere Botschaften bei einer großen Gruppe von Menschen Gehör finden würden. Und diese Zeit ist jetzt gekommen. Es ist die Zeit der Pioniere des Lichtes. Ashtar Sheran weiß, dass euer Weg oftmals nicht einfach ist. Umso mehr danken wir einem jeden Einzelnen von euch für sein Wirken und sein Tun.

Ihr werdet gemeinsam mit Lady Gaia in eine höhere Ebene des Bewusstseins aufsteigen. Es wird eine Zeit sein, die sich mit Worten nicht beschreiben lässt. Freue dich darauf und lasse alles Alte hinter dir. Öffne dich für die Botschaften der neuen Zeit.

Und so ist die Zeit gekommen, mich von dir zu verabschieden. Ich danke dir aus tiefstem Herzen für diese Begegnung.

Adonai Ashtar Sheran sagt zu dir:
„Frieden auf Erden ist euch gewiss."

An Anasha
Adonai Ashtar Sheran

Atme das Licht der Liebe in dich hinein (Jesus Christus)

Meine geliebten Freunde, ich bin der, der ich bin, ich bin der, der ich immer war, ich bin der, der ich immer sein werde. Ich bin der Sohn, Jesus der Christus.

Ich begrüße dich und ich heiße dich willkommen im Namen der Liebe. Und während du beginnst, die Worte von Jesus Christus zu lesen, sende ich dir das goldene Licht meiner Liebe direkt in dein Herz.

Fühle dich dadurch umarmt, fühle die Liebe und fühle die Präsenz von Jesus Christus. Es ist so wunderschön, dir so nahe zu sein, es ist so wunderschön, dich in deinem Herzen zu berühren, dich zu umarmen und mit dir das zu teilen, was uns miteinander vereint.

Es ist das Bewusstsein der Wirklichkeit, das uns miteinander vereint, das in uns gemeinsam schwingt, das in uns gemeinsam lebt. Doch du warst bereit, zu vergessen, dass du dieses Bewusstsein in dir trägst. Du bist eingetaucht in eine Realität, in der das Bewusstsein der Wirklichkeit anscheinend nicht vorhanden war. Es war für dich über lange Strecken deines Lebens nicht fühlbar, nicht erfahrbar.

Du lebtest in einer Realität, die sich Dualität nennt. Und ein Markenzeichen der Dualität unter vielen anderen Punkten ist das offensichtliche Nicht-Vorhandensein des Bewusstseins der Wirklichkeit.

Du bewegtest dich viele Leben in dieser Realität und so haben sich die Gesetzmäßigkeiten der Dualität sehr stark in dir verankert. Vieles hat sich sehr tief in deinen Zellen eingeprägt und so fällt es vielen Menschen schwer, in dieser Zeit neben dem euch bekannten Bewusstsein der Dualität, mit all den darin enthaltenen Gesetzmäßigkeiten, sich für eine neues Bewusstsein zu öffnen – für das Bewusstsein der göttlichen Liebe.

Denn das Bewusstsein der göttlichen Liebe trägt andere Gesetzmäßigkeiten in sich, als die der Dualität und somit auch andere Informationen. Viele Informationen, die euch in dieser großen Zeit der Veränderung gegeben werden, hören sich zu fantastisch an, als dass dein Verstand sie glauben könnte.

Und viele Menschen fragen sich, wie können die Dinge, die so oder so funktionieren auf einmal sich verändern? Denn mit der Öffnung der Herzen, wird nicht nur eine Veränderung in deinem Fühlen geschehen, sondern es wird zu Veränderungen in allen Bereichen deines Lebens kommen.

So wird sich deine Atmung verändern, dein Aussehen wird kein Altern mehr erkennen lassen und du wirst lernen, dich mit Hilfe deiner Merkaba fortzubewegen. Dies sind nur einige

Veränderungen, die auf dich warten und sich kollektivmäßig in dem neuen Bewusstsein auf Erden einstellen werden.

Und so möchte Jesus Christus gemeinsam mit dir eintauchen in das Bewusstsein der göttlichen Liebe und es dir verständlicher machen. Denn viele Informationen wurden euch in den vergangenen Jahren gegeben – doch wurden sie oft missverstanden. Auch in Bezug auf die Christusenergie wurden die Informationen oftmals in einem anderen Sinne überbracht.

Viele Informationen besagen, dass Jesus der Christus inkarnieren wird und es warten viele Menschen auf mein körperliches Erscheinen. Doch ich möchte dir sagen, dass es dabei nicht um einen Menschen geht – vielmehr geht es um das planetare verankern der Christusenergie auf dem Planeten Erde und somit um das Erwachen derselben in jedem Einzelnen von euch.

Jesus der Christus sagt dir, warte nicht auf mein Erscheinen im Außen, sondern fühle und erkenne meine immer währende Präsenz in deinem Herzen. Ich bin schon bei dir.

Das, was es benötigt, die Informationen und Botschaften der neuen Zeit zu verstehen, ist ein geöffnetes Herz. Es ist gegensätzlich zu dem, was ihr so oft und stark innerhalb der Dualität erfahren und gelebt habt. In der Dualität habt ihr gelernt, vieles mit dem Verstand zu verstehen, zu analysieren und zu durchdenken. Und so wird es sich in dieser Zeit verändern. Ihr werdet beginnen, die Realität der neuen Zeit, die getragen wird von der magnetischen Liebesenergie, mit euren Herzen zu verstehen.

Dies kann nur geschehen, wenn du bereit bist, den weiblichen Aspekt deiner Göttlichkeit anzuerkennen und diese Wahrheit zu leben. Es wird eine Zeit vergehen, bis alle Menschen bereit sind, sich in ihrem Herzen darauf einzulassen, das Neue anzuerkennen und in ihr Leben zu integrieren.

Doch die Veränderungen der neuen Zeit geschehen jeden Tag und sie sind dabei, Früchte zu tragen. Diese Veränderungen, sowohl individuell als auch im Kollektiv der Menschen, werden nicht mehr aufzuhalten sein.

Das Liebesnetz verankert sich immer stärker auf dem wundervollen Planeten Erde und an dieser Stelle möchte ich Lady Gaia danken für alles, was sie bereit war, zu tragen. An Anasha.

Viele Menschen tragen die Tendenz in sich, das Alte nicht gehen zu lassen und es fällt ihnen schwer, sich für etwas Neues zu öffnen. Noch schwieriger wird es, wenn diese Menschen aufgefordert werden, das zu tun, was sie in der Vergangenheit mit großer Kraft verhindert haben – nämlich zu fühlen, sich zu fühlen, ihr Herz zu fühlen.

Sie wissen nicht wie und sie werden fragen – wie soll ich fühlen? Und dann werden die Menschen, die bereit waren, ihr Herz zu öffnen und sich in einem erwachten Zustand befin-

den, diesen Menschen ihre Hilfe anbieten und sie in ihr Herz führen – sofern sie es zulassen und bereit dazu sind.

Denn auch wenn ihr im Kollektiv einem gemeinsamen planetaren Ziel entgegengeht, so behält jeder einzelne Mensch weiterhin die freie Wahlmöglichkeit seines Weges.

Und so möchte ich an dieser Stelle erwähnen, dass es viele Menschen geben wird, die sich entscheiden werden, nicht in das neue kosmische Zeitalter von Lady Gaia einzutreten. Auch diese Entscheidung unterliegt keiner Bewertung oder Beurteilung in der Wirklichkeit.

Wichtig für das Verstehen dieser Entscheidungen ist, dass diese Entscheidung eines Menschen, nicht in das neue Kollektiv der Menschen einzutreten, von allen anderen Menschen respektiert und geachtet wird.

Darin wird in der Zukunft eine große Herausforderung für euch Menschen liegen. Gerade dann werdet ihr euch mit dieser großen Herausforderung konfrontiert sehen, wenn diese Entscheidung einen Mensch trifft, der euch emotional und seelisch sehr nahe steht.

Das Bewusstsein der Wirklichkeit und der Liebe bahnt sich immer stärker seinen Weg. Aus diesem Grund möchte ich jedem Einzelnen von euch danken, der bereit ist, sich zu öffnen für das Neue. Jeder Mensch wird von diesen Veränderungen erfasst, ob er sich dessen bewusst ist oder nicht. Viele Menschen spüren und sie fühlen, dass sich ihr Leben zu verändern beginnt. Sie fühlen in sich eine größere Toleranz gegenüber Menschen oder Situationen, die sie vorher so in sich nicht kannten.

Die Liebe, die ihr in euch tragt, die ein jeder von euch in sich trägt, beginnt sich immer mehr, in eure Herzen zu manifestieren. Diese Liebe, die beginnt sich immer stärker in dir auszudehnen, lässt Gott in dir erwachen.

Wie oft in deinem Leben hast du dich nicht getraut, diesen oder jenen Schritt zu gehen? Du hast gewartet, du hast gezögert, du hast nachgefragt, du warst verunsichert oder hast dich von anderen Menschen verunsichern lassen. Was war der Grund deiner Unsicherheit? Ich möchte dir sagen, dass der Grund darin verborgen lag, dass du Gott in dir nicht gefühlt oder gesehen hast. Denn wenn Gott in dir erwacht, sind die Kraft und das Vertrauen der Liebe in dir geboren. Es ist die Kraft der Veränderung in dir geboren und dein Leben wird nicht mehr dasselbe sein. Wenn Gott beginnt in dir zu erwachen, wird dein Leben sich verändern.

Du führtest ein Leben in der Dualität mit vielen Entbehrungen und Einschränkungen, die sich aus den bestehenden Gesetzmäßigkeiten ergaben.

Doch wenn Gott in dir erwacht, begibst du dich Schritt für Schritt aus dieser bestehenden Gesetzmäßigkeit heraus und du wirst das Bewusstsein der Wirklichkeit in dir erleben und erfahren.

Du wirst fühlen, spüren und sehen, dass die Dualität, in der du dich bewegt hast, in der du so lange gelebt hast und von der du angenommen hast, dass sie die einzige Realität im Universum ist, dass genau diese Realität nur eine Illusion ist. Du wirst das große Spiel durchfühlen. Ja, du wirst es durchfühlen.

Ich bin mir bewusst, dass es für viele Menschen in dieser Zeit sehr schwer zu verstehen ist, wie all das, was sie sehen und anfassen können nur eine Illusion sein soll. Es ist so real und doch ist es nur eine Illusion. Eine Welt, die, wenn du so möchtest, künstlich erschaffen wurde und sich so entwickelt hat, wie sie sich heute zeigt. Sie ist eine Illusion und sie ist eine Täuschung.

Sie ist eine Täuschung deines Verstandes. Sie ist eine Illusion deines Verstandes. Doch die Liebe in dir, sie erkennt diese Illusion, diese große fantastische Illusion. Und weil sie sie erkennt, ist es ihr möglich, aus ihr herauszutreten. Doch benötigt es dazu, dass du ihr erlaubst, sich in dir auszudehnen, kraftvoller und stärker zu werden. Es bedeutet, dass du das, was du bist und alles was ist, mit deinem Herzen verstehst. Dann beginnst du, die Dinge mit der Liebe in deinem Herzen zu sehen.

Denn dein Herz, die Liebe in deinem Herzen, sieht hinter diese große Illusion. Sie sieht durch diese Illusion hindurch und kann die Wahrheit und die Wahrhaftigkeit dahinter erblicken. Und nicht nur, dass sie die Wahrheit und die Wahr-

haftigkeit erblicken kann, die Liebe in deinem Herzen, sie kann dir diese Wahrheit in Form von Gefühlen erfahrbar machen.

So, wie du deine jetzige Realität in Form von Gefühlen erfahren kannst, wirst du auch deine kommende Realität mit Gefühlen wahrnehmen können. Doch werden diese Gefühle anders sein als alles, was du bisher an Gefühlen wahrgenommen hast. Du wirst die Glückseligkeit spüren, die grenzenlose Freude, und die allumfassende Liebe wird dich ernähren. Eure Zukunft wird wunderbar. Vertraue.

Wenn du diese wahrhaftig erfährst, wirst du die Geborgenheit spüren. Du wirst das Angenommensein fühlen und spüren – das, wonach du in deinem Leben so oft gesucht hast. Geborgen zu sein, angenommen zu sein, verstanden zu werden. All das wird sich einstellen, wenn du bereit bist, der Liebe in dir, ihren rechtmäßigen Platz in deinem Leben zu geben. Auch mich haben Zweifel und Ängste auf meinem Weg begleitet, als ich in einem menschlichen Körper auf Erden war. Und doch erkannte ich die Herrlichkeit und die Vollkommenheit in mir selbst und in allem, was mich umgab.

Ich wurde frei und bin erwacht. Und so wie ich einst die Wirklichkeit in mir erkannte, werde ich dich begleiten – hinein in das Erkennen dessen, was du wirklich bist. Auch wenn du dieses Buch beiseite legst, werde ich bei dir sein, so, wie ich es immer schon war. Ich liebe dich so sehr.

Und Jesus Christus bittet dich in diesem Moment, halte für einen Augenblick inne, schließe deine Augen und ich werde das Christuslicht direkt zu dir senden und erlaube es dir, das Bewusstsein der Wirklichkeit, das Bewusstsein der Wahrhaftigkeit für dich erfahrbar werden zu lassen.

Öffne all deine Kanäle und spüre, was es heißt, zu Hause zu sein (nimm dir einen kleinen Moment Zeit, bevor du weiterliest).

Viele Menschen haben Angst vor dem Fühlen der Liebe. Sie haben Angst, der Liebe in sich selbst zu begegnen. Sie wünschen es sich so sehr, die göttliche Liebe zu erfahren und gleichzeitig haben sie so sehr Angst davor. Sie haben Angst, verletzt zu werden, wenn sie sich in der Liebe öffnen. Doch Jesus Christus möchte dir sagen, wenn du dich in deinem Herzen der göttlichen Liebe öffnest, wirst du kraftvoller und stärker in deinem Inneren werden.

Es ist wichtig zu verstehen, dass die Erinnerungen an Verletzungen und Kränkungen in der Vergangenheit, wenn du dich für die Liebe geöffnet hast, in dem Verständnis der menschlichen Liebe geschehen sind. Denn so, wie sich die menschliche Liebe auf Erden entwickelt hat, ist sie geprägt von Erwartungen, Vorstellungen und Forderungen.

Wie oft haben sich zwei Menschen gefunden und sich zueinander hingezogen gefühlt. Sie sind eine Beziehung eingegangen, und wie oft ist es in diesen Beziehungen geschehen, dass

Erwartungen an den Partner gestellt wurden, dass einer oder beide Partner sich in ihrer Persönlichkeit nicht leben konnten, weil Forderungen des anderen kamen.

Wie oft haben sich Menschen nicht getraut, ihr Leben zu leben, aus Angst verlassen zu werden? Das System der menschlichen Liebe ist ein sehr raffiniertes System und ein jeder von euch kennt sich damit aus.

Doch die göttliche Liebe trägt das Bewusstsein der Wirklichkeit in sich und es stellt keine Forderungen an dich. Es stellt keine Erwartungen an dich. Diese Liebe ist frei. Frei von allem, was in dem Verständnis der menschlichen Liebe oftmals erwartet und gefordert wird.

Du bist ein Kind Gottes. Du bist ein hohes Licht in einem menschlichen Körper. Erlaube diesem hohen Licht, in dieser Zeit zu wachsen, erlaube es dir, dass sich dein hohes Bewusstsein in dir ausdehnen darf. Habe keine Angst davor.

Jesus Christus ist in diesem Augenblick ganz nah bei dir und ich möchte dir ein Geschenk überbringen. Ein Geschenk, dass das Öffnen deines Herzens beinhaltet und gleichzeitig werde ich Erinnerungen an Verletzungen und Kränkungen, die du in der menschlichen Liebe, innerhalb der Dualität erfahren hast, lösen und so wie es für dich angemessen ist, entfernen.

Und ich bitte dich noch einmal – schließe deine Augen und gehe so tief es dir möglich ist, mit deinem Bewusstsein in dein Herz.

Und ich, Jesus Christus, werde in diesem Augenblick für dich wirken. Ich werde tief in dein Herz hineinsehen und das Licht der Liebe wird tief in dein Herz hineingetragen und Verletzungen werden beginnen, sich zu lösen.

Ich liebe dich so sehr. Habe keine Angst vor dem, was du beginnst zu fühlen, habe keine Angst vor dem, was du in diesem Augenblick fühlst – es kann dir nichts geschehen – ich bin ganz nah bei dir. Öffne all deine Kanäle und atme das Licht der Liebe in dich hinein (Nehme dir einen Augenblick Zeit).

Befreiung wird für dich erfahrbar werden. Freiheit wird sich einstellen in dem, was du fühlst. Es bedeutet ein Ausdehnen des Radius deines Handelns. Denn dort, wo du in der Vergangenheit aufgehört hast zu handeln, weil du an deine inneren Mauern, zu deinen selbst erbauten Grenzen kamst, wirst du jetzt weitergehen können. Es wird sich vielleicht für dich so anfühlen, als ob du neues Land betrittst. Als ob du neuen Boden betrittst. Du wirst in der Zukunft spüren, dass deine Gefühle sich verändern, in dem was du wahrnimmst, wie Menschen auf dich wirken oder wie bekannte oder neue Situationen für dich erfahrbar werden.

Lass das Licht der Liebe aus deinem Herzen strahlen. Lass es sich ausdehnen und lass es sich ausbreiten. Du bist der Meister/die Meisterin der Liebe und des Lichtes, so wie es immer schon war. Sei bereit, dich in dieser Zeit wieder daran zu erinnern, welch hohes kosmisches Licht du in deinem Inneren bist und atme das Licht der Liebe in dich hinein.

Es ist so wunderschön, bei dir zu sein. Es ist so wunderschön, dich zu umarmen und dein Herz zu berühren.

Und ich möchte mich nun von dir verabschieden. Ich möchte dir noch einmal sagen, wie wunderschön du bist. Du bist einzigartig und du trägst das Geschenk Gottes in dir.

Du warst in diesen Augenblicken bereit, die Liebe in dir auszudehnen und dich daran zu erinnern, was du wirklich bist.

Ich danke dir dafür. Ich danke dem Engel, der du bist und ich verneige mich vor dem hohen Licht, welches du in dir trägst.

Ich bin immer bei Dir.

An Anasha
Jesus der Christus

Geistige Operationen (Dr. Fritz)

Mein Name ist Dr. Fritz. Ich heiße dich, der/die du dieses Buch in deinen Händen hältst, in diesem Augenblick willkommen. Auch wenn es für dich schwer vorstellbar ist und du es vielleicht nicht glauben kannst, so bin ich doch in diesem Augenblick ganz nah bei dir.

Ganz gleich, wo du dich in diesem Moment befindest, ich bin mit meiner Liebe bei dir. Und ich freue mich, dass dich dieses Buch angesprochen hat und du darauf aufmerksam geworden bist, oder es auf einem anderen Wege zu dir gefunden hat. Denn es ist kein Zufall, dass du dieses Buch in deinen Händen hältst – so wie nichts in deinem Leben ein Zufall ist bzw. war.

Und da ich davon ausgehe, dass ich den meisten von euch unbekannt bin, möchte ich mich zu Beginn meiner weiteren Ausführungen dir vorstellen: Wie ich schon erwähnte, ist mein Name Dr. Fritz. Ich wirke in den Bereichen der Liebe, in den Bereichen, in denen es keine Zeit und keinen Raum gibt. Und trotzdem kenne ich sehr wohl den Planeten Erde mit den darauf geltenden Gesetzmäßigkeiten – denn auch ich war einst ein Mensch und durfte genau wie du, meine Erfahrungen auf dem wundeschönen Planeten Erde sammeln.

Nachdem ich diesen wunderschönen Planeten verlassen habe, hat sich mein Bewusstsein, meine Seele entschieden, den Menschen in ihrem Entwicklungsprozess behilflich zu sein. Ich möchte dir sagen, ihr seid etwas ganz Besonderes. Ihr seit etwas ganz Besonderes im gesamten Universum. Und bitte, verstehe es nicht falsch, wenn ich dir sage, man muss euch einfach lieben – denn ihr seid so mutig.

Viele von euch sind so voller Vertrauen und wir aus der geistigen Welt unterstützen euch in allem, was ihr tut, in allem was dazu dient, das Bewusstsein der Menschen anzuheben, hin zu mehr Liebe und Mitgefühl. In meiner Inkarnation, die ich auf dem Planeten Erde als eine Erfahrung erleben durfte, übte ich den Beruf eines Arztes aus. In der Aufteilung eurer heutigen Fachdisziplinen innerhalb der Medizin, würdet ihr mich als einen Chirurgen bezeichnen. Und meine Aufgabe seit vielen Jahren ist es, Menschen ihr Vertrauen zurückzugeben. Ihr Vertrauen an Gott und an die Liebe. Mein Wirken erfolgt aus den Bereichen der Liebe heraus und es ist mir daher möglich, sowohl rein energetisch in all deinen Körpern zu wirken, als auch direkt in die Materie hineinzugehen und deinen physischen Körper einer richtigen Operation zu unterziehen.

Direkt in die Materie, in deinen physischen Körper hineinzugehen ist deswegen möglich, da für diesen Zeitraum die Anordnung der kleinsten Bauteile deiner Zellen, der Atome, in ihrer Anordnung verändert wird und sehr hohe magnetische Energie zum Tragen kommt.

Ihr habt auf Erden einen Begriff für das geschaffen, worin mein Wirken liegt. Ihr bezeichnet es als geistige Operation. Und da mir ein erweitertes Bewusstsein zur Verfügung steht, kann ich mein Wirken an jedem Platz, an jedem Ort der Erde ausüben und das vollbringen, was viele von euch als Wunder bezeichnen.

Obwohl der Kern meines Wirkens in deinem feinstofflichen Körper liegt, ist es nicht auf die energetische Ebene begrenzt, sondern ist für viele Menschen visuell erfahrbar. Weshalb diese letztere Form notwendig ist, werde ich dir zu einem späteren Zeitpunkt erklären.

Und so möchte ich dir mehr darüber erzählen, was die geistigen Operationen beinhalten, ob es Grenzen gibt und ob das Eröffnen der physischen Körper bei dem Ausüben der spirituellen Medizin notwendig ist oder nicht. Und auch ich bitte dich, die nun folgenden Informationen mit einem geöffneten Herzen zu lesen. Denn es kann möglich sein, dass einige Informationen den Rand deines Verstandes überschreiten und dann wird es notwendig sein, den Inhalt meiner Aussagen mit dem Herzen zu verstehen.

Doch bevor ich dazu komme, möchte ich darauf zu sprechen kommen, worin das Ziel meines Wirkens liegt. Und wie du dir sicher denken kannst, werde auch ich, während du diese

Worte liest, mit meiner Liebe für dich wirken und in deinen Körpern arbeiten.

Es kann sein, dass du während des Lesens meiner Botschaften einen starken Energiestrom wahrnimmst. Lass einfach alles geschehen und wisse, dass die Liebe, dass das Licht Gottes dich berührt.

Meine Ausführungen, die ich dir bis hierher gegeben habe, waren von eher geistiger Natur, damit dein Verstand sich ein Bild davon machen konnte, worauf ich nun zu sprechen komme. Und ich bitte dich nun, in den Rahmen hineinzugehen, den dein Verstand errichtet hat und die Worte zu verstehen.

Ich möchte dir sagen, schon das Lesen der Worte und das wirkliche Verstehen der darin enthaltenen Botschaften lässt Heilung in dir geschehen.

Das Wichtigste, um Heilung dauerhaft herbeizuführen, ist die Anwesenheit der Liebe in dir zu akzeptieren und zu verstehen. Liebe ist oft ein theoretischer Ausdruck von dem, was nicht erklärbar ist. Und so verhält es sich auch. Liebe kannst du versuchen, mit vielen Worten zu beschreiben, doch wird es immer nur eine annähernde Beschreibung von etwas bleiben, das nicht mit menschlichen Worten beschrieben werden kann.

Du musst beginnen, das Unbeschreibbare in dir zu fühlen. Darin liegt der Kern meines Wirkens: Dir die Liebe in deinem

Inneren wieder fühlbar werden zu lassen. Dich zu deinem Ursprung zu führen, zu deinem Ursprung in deinem Herzen zu führen, damit du Heilung erfahren kannst. Damit dies geschehen kann, bediene ich mich vieler Möglichkeiten und Wege innerhalb der spirituellen Medizin.

Das, was in einem jeden Menschen für die Heilung aktiviert werden muss, ist sein Glaube und das Vertrauen in die Liebe, in Gott – zu sich selbst – wie immer du es auch bezeichnen möchtest. Durch den Glauben und das Vertrauen in die Liebe oder in Gott kann sich die Liebe, die zentrale Energie der Heilung, in den Menschen ausdehnen und Heilung kann dort geschehen, wo vorher Zweifel und das in Frage stellen der Liebe, die Heilung behindert haben.

Wie kann man das Vertrauen und den Glauben bei den Menschen aktivieren? Und dazu möchte ich dir sagen, dass es individuell ist, wie die Menschen bereit sind, das immer Vorhandene in ihr Inneres zu lassen. Und somit wäre ich bei der Erklärung der sichtbaren Operationen angelangt. Bei vielen Menschen genügt ein Blick in ihre Augen und ihr Herz öffnet sich in einem nie da gewesenen Ausmaß und Heilung kann geschehen. Sie fühlen, dass Gott sie berührt und alle Zweifel sind verflogen. Ihr Herz signalisiert ihnen – Gott ist in dir, lass Heilung durch die Liebe in dir geschehen. Und somit werden ihre Selbstheilungskräfte aktiviert und alles in ihnen kann sich nach der göttlichen Ordnung ausrichten.

Dann gibt es Menschen, die einen etwas kraftvolleren Beweis für die Anwesenheit der Liebe benötigen, um ihre Zweifel über Bord zu werfen und ihre Selbstheilungskräfte auf die Tagesordnung zu rufen. Bei einem großen Teil der Menschen wären die sichtbaren Operationen nicht notwendig. Man könnte sie auch ohne Öffnen ihrer physischen Körper durch einen Schnitt oder Ähnlichem heilen. Doch an diesem Punkt kommt wieder der euch so vertraute Verstand ins Spiel. Ich möchte es dir näher erläutern.

Vielen Menschen ist es aufgrund des kollektiven Entwicklungsweges, der dem Verstand die tragende Rolle in eurem Leben gab, nur sehr schwer möglich, die feinen Schwingungen der Liebe zu fühlen. Was sie nicht fühlen oder nicht in einer anderen Form, mit den euch zur Verfügung stehenden Sinneswahrnehmungen erfassen können, das können sie nicht ohne Weiteres annehmen. Der Verstand benötigt stets einen Beweis, dass es vorhanden ist.

Diesen Beweis erhalten sie in Form der sichtbaren Operationen. Ich möchte gleichzeitig betonen, dass es kein Beweis in dem eigentlichen Begriff ist, denn die Liebe würde aus sich selbst heraus nie etwas beweisen, damit ein Mensch an sie glaubt. Das zu tun, an die Liebe in sich selbst zu glauben und ihr zu vertrauen, ist ganz allein die Aufgabe und Herausforderung des jeweiligen Menschen.

Doch wenn sie sehen, dass sie selbst oder andere Menschen von einem Medium operiert werden, das durch einen Schnitt in den Körper hineingeht und dort operiert, ohne ihnen zuvor eine Anästhesie gegeben zu haben oder eine Sterilisation der Instrumente vorgenommen zu haben und ohne dass eine Infektion des Körpers nachfolgend eintritt, dann sind auch sie bereit, die Anwesenheit der Liebe und die Existenz von etwas Höherem nicht mehr in Frage zu stellen, wodurch nachfolgend der Heilungsprozess in ihnen einsetzen kann.

Und dann wiederum gibt es Menschen, bei denen es auch mir nicht möglich ist, sie bei ihrer Heilung zu unterstützen. Die Vormachtstellung ihres Verstandes gegenüber ihrem Herzen ist so stark, dass sie trotz des visuellen Beweises, das Gesehene anzweifeln und es in ihre vorhandene Ecke der Scharlatanerie und des Betruges schieben.

Du siehst, mein Wirken nimmt keinem Menschen die freie Wahl seines Weges ab, ich bin nur ein Überbringer der heilenden göttlichen Schwingung der Liebe, die niemals wertet oder beurteilt.

Gibt es Grenzen der spirituellen Medizin? Ja, auch diese Form der Medizin hat ihre Grenzen. Ich möchte nun auf einen wichtigen Aspekt der Heilung zu sprechen kommen, den ich bisher nicht erwähnt habe, da es mir sinnvoller erschien, die einzelnen Aspekte separat zu erläutern.

Du bist ein geistiges Wesen. Deine Essenz ist eine sehr hohe, feine Schwingung, die du als Seele bezeichnest.

Und im Nachfolgendem werde ich zu dir – in deiner Form als Seele sprechen.

Du hast entschieden mit einem Aspekt deines Selbsts, genannt hohes Selbst, eine Erfahrung auf Erden zu durchlaufen. Du legtest dir einen physischen Körper zu und deine Reise begann.

Du entscheidest, was du auf deiner Reise erfahren und ansehen möchtest. Du allein. Parallel zu deinem Sein als Seele hat sich innerhalb deiner Reise ein Aspekt entwickelt, der auch Entscheidungen treffen will – dein Verstand.

Nun ist es so, dass eure beiden Entscheidungen über den weiteren Weg deiner Reise oftmals kollidieren und nicht miteinander in Einklang zu bringen sind.

Wenn dieses Kollidieren lang genug geschieht, kann es sich durch das Auftreten einer Erkrankung äußern. Ich möchte auch gleich erwähnen, dass Erkrankung keine Strafe bedeutet.

Und nun komme ich zu dem Aspekt der Heilung, den ich dir mit dieser kleinen Erzählung näher bringen möchte. Wenn nun dein Verstand entscheidet, ich will diese oder jene Erkrankung beseitigen und lasse mich dazu von einem geistigen Arzt operieren, dann kann es sein, dass diese Erkrankung trotzdem noch eine Zeit bestehen bleibt.

Denn die letztendliche Entscheidung darüber, ob und in welchem Maße Heilung geschehen darf, triffst du als Seele ganz allein. Und dies ist eine Grenze der spirituellen Medizin, dass ich für dich nur so weit wirken darf, wie es mir deine Seele erlaubt und du in dem Ausdruck deiner Menschlichkeit bereit bist, den kollidierenden Weg zu verlassen.

Den kollidierenden Weg zu verlassen, bedeutet oftmals eine Umstellung deiner lieb gewordenen Lebensgewohnheiten. Diese Umstellung führt im weiteren Verlauf dazu, dass du dir deiner wahren Bedürfnisse bewusster wirst und für dich da bist.

Dies ist auch der Grund, weshalb ich vor einer Behandlung sagen kann, ob ich dem Menschen helfen kann oder nicht. Denn wenn es mir nicht möglich ist zu helfen, so werde ich nicht lügen. Ich diene dem Göttlichen und ich lobe und preise das Licht und die Liebe, dem Anfang allen Seins in seiner höchsten Form.

Sehr schwierig bzw. unmöglich ist mir die Heilung angeborener Erkrankungen. In diesem Bereich ist es mir möglich, dem Menschen eine Besserung seiner Beschwerden zu gewährleisten.

Seit Beginn meiner Tätigkeit in dem Wirken für euch Menschen, ist es mir möglich geworden, durch eure eigene kollektive Entwicklung intensiver und besser in meinem Wirken für euch zu sein. Dafür danke ich euch, dass die Liebe in den Herzen so vieler Menschen ihren Platz gefunden hat.

Ausgehend und ergänzend zu dem weiter oben geschilderten Vergleich zwischen deiner Seele und deinem Verstand möchte ich noch erwähnen, je mehr du dich in deinem Herzen öffnest und das Vertrauen zu dir, zu der Liebe gefunden hast, dass immer tiefer deine Seele durch dich wirken kann.

Dann ist die tiefe Verbindung zu deinem Ursprung vorhanden und die Entscheidungen, welchen Weg deine Reise nehmen wird, werden nicht mehr miteinander kollidieren sondern eine gemeinsame Entscheidung sein, die einer Korrektur nicht mehr bedarf.

Und somit bin ich am Ende meiner Botschaften angekommen. Ich möchte dir noch einmal sagen, dass mein Wirken, ganz gleich in welcher Form, darin besteht, den Menschen das Vertrauen zurückzugeben, den Glauben an Gott, den Glauben an die Liebe, den Glauben an sich selbst.

Wenn die Menschen die Existenz von Gott in ihrem Herzen nicht mehr in Frage stellen, dann können sie wieder vertrauen und mit diesem Vertrauen setzt ein Mechanismus in ihrem Körper ein, der als Selbstheilung bezeichnet wird. Dann erlauben sie sich, dass Gott sich selbst heilt.

Ich weiß, wie es dir geht, was dich beschäftigt und welches deine Wünsche sind. Ich bin dir näher als du glaubst. Ich möchte dir dafür danken, dass du diese Botschaften gelesen hast und sei versichert, dass während dieser Zeit, die wir gemeinsam miteinander verbracht haben, viel geschehen ist.

Ich möchte mich nun von dir verabschieden und werde meine Energie langsam zurückziehen. Du bist einzigartig und ich bitte dich, erinnere dich an die Liebe in dir und erlaube es dir, deine Gefühle zu leben.

Ich diene dem Licht und der Liebe, und somit diene ich dir.

In tiefer Liebe zu dir,
Dr. Fritz

Magnetische Energie – die Energie der neuen Zeit (Kryon)

Mein geliebter Freund, meine geliebte Freundin, du strahlendes hohes Licht, dass entschieden hat, sich einen menschlichen Körper zuzulegen, um Erfahrungen in einer Realität zu sammeln, die es eigentlich nicht gibt.

Ich bin Kryon und heiße dich willkommen mit den Worten OMAR TA SATT. Mein Sein und meine Liebe sind in diesem Augenblick ganz nah bei dir und ich bitte dich, erlaube dem Licht Gottes, dich tief zu berühren.

Das Licht der Liebe breitet sich in dir aus und in meiner Eigenschaft als magnetischer Meister beginne ich nun, die magnetischen Wellen der Liebe zu dir zu bringen. Wir sind uns so vertraut und es breitet sich ein Gefühl des Einsseins aus. All deine Körper werden von diesen Wellen erfasst und ich weiß, dass viele diese Schwingung als ihre Heimat erkennen.

Und so möchte ich dir mehr darüber erzählen, weshalb in dieser Zeit die magnetische Energie so wichtig ist. Weshalb sie für Lady Gaia so wichtig ist und welche Veränderungen durch das Einbringen der magnetischen Energie geschehen.

Es sind die Informationen der neuen Zeit, die zu euch gebracht werden. Und diese Informationen der neuen Zeit werden getragen von der Schwingung der magnetischen Liebesenergie. Ein jeder Mensch wird von diesen Veränderungen erfasst.

Und so möchte Kryon dir sagen, dass du viele Informationen der neuen Zeit an der darin enthaltenden hohen magnetischen Energie fühlen kannst. Denn alles auf eurem Planeten Erde wird in einem sehr hohen Maße die magnetische Energie aufnehmen und sie wird durch alles wirken. Und du magst dich fragen – magnetische Liebesenergie? Gibt es so etwas wie magnetische Liebesenergie und wenn ja, gibt es noch andere Formen der Energie?

Und Kryon möchte dir antworten, dass in den vielen Dimensionen, in den unterschiedlichen Realitäten, in denen sich Leben befindet, verschiedene Gesetzmäßigkeiten zum Tragen kommen.

Ausgehend von diesen unterschiedlichen Gesetzmäßigkeiten, stellt sich die allumfassende Liebe, welche als Energie wahrnehmbar ist, in jeder Realität unterschiedlich dar.

In deiner dir bekannten Realität der Dualität hat sich die Liebe sehr stark in der Form der menschlichen Liebe gezeigt und wurde von dir in dieser Form erfahren. Und so, wie die menschliche Liebe ihre Eigenschaften in sich trägt, tragen z.B. auch die magnetische Liebesenergie und die kristalline Energie ihre ganz individuellen Eigenschaften in sich.

Der Unterschied zwischen diesen Formen ist, dass die Attribute der menschlichen Liebe oft einengend sind, wohingegen sich die magnetische und kristalline Liebe frei entfalten kann. Und so wurde damit begonnen, als der Bitte von Lady Gaia stattgegeben wurde, in eine höhere Ebene des Bewusstseins aufzusteigen – die Qualität und Quantität der magnetischen Energie anzuheben. Viele andere Schwingungen wurden gleichzeitig angepasst, ausgerichtet und integriert – doch möchte Kryon in diesem Kapitel auf die magnetische Energie zu sprechen kommen.

Es wurde ein verändertes Schwingungsmuster um euren Planeten herumgelegt und somit wurde der Weg frei für den Aufstiegsprozess und es lag an den Menschen selbst, diesen Weg zu gehen. Denn durch diese Veränderung, die Kryon mit einem Gefolge von vielen magnetischen Meistern vornahm, blieb die Souveränität eures freien Willens unangetastet.

Mit Hilfe der magnetischen Energie konnten die euch innewohnenden energetischen Inprints, die ein jeder seit seiner menschlichen Geburt in sich trägt, dahingehend verändert werden, dass sich ein erweitertes Bewusstsein mit den sich darin befindlichen Potentialen entfalten konnte.

Was bedeuten diese energetischen Inprints für dich? Sie sind wie eine Landkarte oder ein Navigationsgerät, welches dir ein bestimmtes Gebiet aufzeigt, ohne die angrenzenden Bereiche offen zu legen. Sie waren dafür verantwortlich, dir nur die Karte der Dualität zu zeigen und dich innerhalb dieser Grenzen zu bewegen.

Doch es geschah etwas Wundervolles vor einiger Zeit. Die vorhandenen Karten wurden ausgetauscht und es wurde dir somit die Möglichkeit gegeben, die angrenzenden Bereiche zu sehen und zu erkunden. Die angrenzenden Bereiche sind die Bereiche der Wirklichkeit. Du kannst nun immer deutlicher erkennen, dass es noch etwas anderes gibt als die Dualität.

Du überschreitest oft – im wahrsten Sinne des Wortes – Grenzen, hinein in die angrenzenden Bereiche der Wirklichkeit. Bildlich gesprochen bedeutet es, dein Bewusstsein übertritt diesen Bereich und hält sich in der Wirklichkeit auf.

Viele von euch halten sich in diesen Bereichen für eine mehr oder weniger lange Zeit auf und da das kollektive Gedankenmuster der Dualität sehr stark wirkt, gehen sie auch immer wieder zurück in die ihnen bekannten Bereiche und unterliegen den darin wirkenden Strukturen.

Dieser Veränderungsprozess, der eingesetzt hat, wird weitergehen. Und du wirst bemerken, wie du dich immer mehr in den Bereichen der Wirklichkeit befindest und die Fesseln der Dualität verlassen wirst.

Somit wird verständlich, aus welchem Grund die magnetische Energie so wichtig für den großen planetaren Transformationsprozess ist. Sie trägt die Eigenschaft in sich, die

Menschen in ihre persönliche Freiheit zu führen. Doch wäre es wiederum sehr begrenzend, nur diesen Aspekt zu sehen.

Die magnetische Energie dient in ihrer Eigenschaft als göttliche Energie dazu, bestehende Grenzen durch eine Verschiebung der zugrunde liegenden Matrix eines Planeten, Universums oder Lebewesens zu erweitern und Freiheit durch das Erweitern des bestehenden Bewusstseins herbeizuführen. So ist der Verlauf des Wechselns der Dimensionen ein Prozess der Freiheit.

Und du wist dich vielleicht fragen, wie kann magnetische Energie mich in die Freiheit führen? Dazu ist es notwendig, dich von deiner bestehenden Vorstellung des Wortes Magnetismus zu trennen. Denn die magnetische Energie der Liebe, ist nicht zu vergleichen mit der magnetischen Energie, die von euch auf vielfältige Art und Weise auf dem Planeten genutzt wird. Dieses Kapitel soll dazu dienen, dir das Verständnis der magnetischen Liebesenergie näher zu bringen.

Kryon bittet dich, stelle dir die magnetische Liebesenergie als ein sehr großes und kraftvolles göttliches Energiefeld vor, das in einer sehr hohen Frequenz der göttlichen Liebe schwingt. Es trägt in sich ein sehr hohes lichtes Feld der Allumfassenheit. Es gibt Planeten im Universum, die vollständig aus magnetischer Liebesenergie bestehen. Und die auf diesem Planeten befindlichen Bewohner bestehen aus magnetischer Liebesenergie.

Und Kryon möchte dir mitteilen, dass, bevor ein Planet oder ein Universum erschaffen wird, ein Mantel aus magnetischer Energie, genannt Magnetgitternetz, um diesen entstehenden Planeten herumgelegt wird. So trägt auch Lady Gaia ein Magnetgitternetz um sich herum, das aufgrund des planetaren Aufstieges erneuert wurde.

Warum ist es notwendig, einen Mantel aus magnetischer Energie um einen entstehenden Planeten herumzulegen? Und Kryon möchte dir darauf folgende Antwort geben: Das Magnetgitternetz kommuniziert mit allen Lebewesen und steht ständig mit einem jeden Lebewesen in energetischem Kontakt. Die Strukturen, die diese Kommunikation ermöglichen, sind auf jedem Planeten unterschiedlich – bei euch ist es eure DNA, die in die wechselseitige Kommunikation mit dem Magnetgitternetz der Erde geht.

Das Magnetgitternetz bewirkt in seiner Anordnung und Ausrichtung das Aktivieren bzw. das Nicht-Aktivieren bestimmter Merkmale eurer Göttlichkeit. So war über einen langen Zeitraum hinweg das Magnetgitter der Erde in der Form ausgerichtet, euren göttlichen Kern vor euch selbst zu verbergen. Eure 12 Stränge der DNA waren nicht aktiviert und somit erlebtet ihr ein Gefühl des Getrenntseins und die Erfahrung der Dualität. Doch mit dem Neuausrichten des magnetischen Feldes und der damit veränderten Kommunikation mit eurer DNA seit dem Jahr 1987, begannen sich eure Stränge zu aktivieren. So ist die magnetische Energie eine Art

Katalysator in dem stattfindenden Prozess des Erwachens. Dies hat zur Folge, dass dir dein gesamtes, innewohnendes Potential des göttlichen Bewusstseins wieder zur Verfügung stehen wird. Verstehst du nun die Aussage, die dir immer wieder gegeben wird:

„Alles was du benötigst um zu erwachen, trägst du in dir."

Soweit die Ausführungen zur Bedeutung der magnetischen Energie der Liebe in eurem gemeinsamen, planetaren Prozess des Erwachens.

Was wichtig ist, für dich zu verstehen, ist die Tatsache, dass, wenn nach und nach die einzelnen Stränge deiner DNA sich aktivieren, es nicht nur zu einer Ausdehnung deines Bewusstseins kommen wird – sondern auch dein physischer Körper beginnen wird, zu transmutieren.

Viele von euch kennen diese Veränderungen und ihr habt diesen Symptomen den Namen „Lichtkörpersymptome" gegeben. Diese können sich zeigen in Form von Schwindel, Mattigkeit, Ohrensausen oder in allerlei anderen Symptomen. Sie vergehen genauso unspektakulär, wie sie gekommen sind, nachdem sich deine Zellen an die Höherschwingung angeglichen haben.

Was geschieht nun, wenn dein Körper transmutiert? Sehr einfach ausgedrückt, erhalten deine Zellen eine neue Information, eingebunden in einer sehr hohen Schwingungsfrequenz und nehmen diese in sich auf. Sie beginnen damit, ihre

Struktur so zu verändern, dass die neue, hohe Schwingung von ihnen gehalten werden kann.

Die Informationen, die eure Zellen mit der hohen Energie bekommen, beinhalten gleichzeitig den Bauplan für den Transmutationsprozess der Zellen. Dadurch beginnen sie, die neue energetische Information in die Materie umzusetzen. Dies bewirkt nach und nach eine Höherschwingung deines gesamten energetischen Feldes.

Kryon möchte denjenigen unter euch, die vielleicht zum ersten mal von diesen Veränderungen lesen, sagen, Transmutation hört sich vielleicht etwas erschreckend an – es ist damit keine Veränderung gemeint, die euren Körper entstellt oder euch in sonst einer Art und Weise auffällig werden lässt.

Es ist lediglich ein Ausdruck dafür, dass eine sanfte Veränderung der Aufnahmefähigkeit eurer Zellen im Hinblick auf die Kapazität der göttlichen Liebe erfolgt.

So werden z.B. ab einem bestimmten Zeitpunkt die Synapsen in deinem Gehirn beginnen, sich miteinander zu verbinden. Wie du vielleicht weißt, nutzt ihr nur ein sehr geringes Potential eures Gehirnes.

Wenn nun die Synapsen in deinem Gehirn sich beginnen miteinander zu verbinden, steht dir eine sehr hohe Kraft zur Verfügung, die dir erlauben wird, vieles, was du in dieser Zeit noch mechanisch verrichtest, allein durch das Fokussieren deiner Gedankenkraft auslösen kannst.

So wird es dir möglich sein, Gegenstände mit Hilfe deiner Gedankenkraft zu bewegen, es wird dir möglich sein, mit deiner Merkaba, allein durch deine gedankliche Absicht zu reisen und es wird den Menschen möglich sein, miteinander durch Telepathie zu kommunizieren.

All das benötigt Zeit. Es benötigt eine Zeit der Anpassung und des Miteinander-Verschmelzens. Denn du bist ein großartiges komplexes Wesen und nichts ist getrennt von dir und in dir zu betrachten.

All deine energetischen Körper sind nicht separat und getrennt von deinem physischen Körper, sondern die kleinste Veränderung, die mit dir geschieht, hat Auswirkungen auf alles in dir.

Nimm dir einen Augenblick Zeit und spüre die Verbindung zu allem, was ist, entspanne dich und Kryon wird in diesem Augenblick die magnetischen Wellen der Liebe, dir direkt in dein drittes Auge bringen und somit kann es sich öffnen und empfänglicher für die Botschaften der Liebe werden. Es kann sein, dass du einen leichten Druck in dem Bereich deiner Stirn verspürst (Mach einen Moment deine Augen zu und spüre).

Der gesamte planetare Prozess, mit all seinen Veränderungen, ist so in dieser Form noch niemals geschehen. Diese Informationen, die deine Zellen bekommen, haben sie noch nie zuvor in keiner Inkarnation, all deiner Leben auf Erden bekommen.

Und so ist dieser gesamte Prozess etwas sehr Bewegendes. Es ist etwas sehr Neues.

Noch niemals zuvor, haben sich hohe Lichter in einem menschlichen Körper in dieser Form entwickelt. Noch nie haben sie ihr Bewusstsein in dieser Form transformiert und noch niemals zuvor fand dieser tiefgreifende Prozess der Transmutation eurer physischen Körper statt.

Der Aufstieg bedeutet eine sehr tief greifende Veränderung für dich. Du wirst auf Erden in dieser hohen Schwingung der Liebe bleiben – du wirst nicht mehr in die Dualität zurückkehren – sei dir dessen immer bewusst.

Dies alles benötigt Vorbereitung und es benötigt Zeit, in der dein Körper sich an die Höherschwingung gewöhnen kann. Kryon möchte dich ermutigen, nutze jede Möglichkeit, um dich in deiner Energie zu erhöhen.

So wie dein Körper auf ein Leben in der Dualität mit den darin geltenden Gesetzmäßigkeiten ausgerichtet war, beginnt er sich nun vorzubereiten auf ein Leben in einer neuen, in deiner Zukunft liegenden Realität der Wirklichkeit.

Und so wirst du bemerken, wie du immer mehr aus dem Bewusstsein der Dualität heraustreten wirst – aus dem Bewusstsein der Begrenzungen und der Illusion.

Es vollzieht sich etwas sehr Tiefgreifendes in jedem Menschen und in eurem Universum. Sei dir dessen bewusst. Du bist ein Erneuerer, du bist der Schöpfer und ihr seid im Kollektiv gemeinsam dabei, eine neue Welt zu erschaffen – eine Welt der Liebe, des Friedens und der Freiheit.

Ihr geht einen Weg, den noch nie zuvor ein Mensch gegangen ist. In all euren vergangenen Leben habt ihr euch so oft in einem Kreis bewegt. Alle Spielarten, alle Möglichkeiten dessen, was euch die Dualität geboten hat, wurden immer wieder durchgespielt und erfahren. Sei es Eifersucht, sei es Trauer, sei es Wut oder sei es Hass. All dies werdet ihr hinter euch lassen.

Da ihr die ersten seid, die aus diesem Kreislauf heraustreten und die Basis für ein neues Erleben schaffen, werdet ihr auch als die Pioniere bezeichnet. Die Pioniere des Lichtes. Und die Pioniere der Pioniere gehen einen Weg, auf dem ihnen viele Menschen folgen werden.

Mit diesen bewegenden Worten möchte Kryon sich nun von dir verabschieden und ich sage dir, du bist ein hohes Licht in einem menschlichen Körper.

Erlaube es der Liebe in dir zu erblühen und trete heraus aus dem Bewusstsein der Begrenzungen, der Täuschung und der Illusion.

Erkenne die Wirklichkeit in allem was ist.
Meine Liebe für dich ist unermesslich tief.

An Anasha
Kryon

Das vereinigte Chakra – die Basis der neuen Zeit

Lasse die golden-blaue Frequenz der magnetischen Energie, die in diesem Augenblick eine Ausdehnung all deiner Körper bewirkt, frei in dir fließen. Erlaube es dir, diese Frequenz ganz tief in dich hinein zu atmen und sei bereit, die damit verbundenen Geschenke der Wirklichkeit anzunehmen.

Kryon spricht erneut zu dir und ich möchte dir an dieser Stelle mehr über die Transformation deines Chakrensystems erzählen und dir somit ein größeres Verständnis darüber geben, welche tief greifenden Veränderungen mit deinen Körpern in dieser Zeit geschehen.

Dir ist der Aufbau des Chakrensystems mit seinen 7 Hauptchakren, dem Alpha- und Omegachakra und den vielen Nebenchakren bekannt. So wurde es euch übermittelt und dieser Aufbau deiner energetischen Struktur bildete über einen sehr langen Zeitraum die Basis für die Versorgung all deiner Körper mit der göttlichen Energie, genannt Prana.

Mit der Bildung der Dualität wurde erstmals diese energetische Struktur des vertikalen Chakrensystems innerhalb deiner feinstofflichen Felder angelegt, um eine ausreichende Versorgung deines physischen Körpers mit Prana zu ermöglichen.

An der Formulierung des Kryon kannst du erkennen, dass sich nicht zu allen Zeiten, auf denen du dich auf dem Planeten Erde bewegt hast, diese Struktur des Chakrensystems in dir vorhanden war.

Um ein besseres Verständnis zu bekommen, weshalb sich dieses System in der Zeit des Aufstieges verändern wird, möchte Kryon dir sagen, dass diese Anordnung deiner Chakren in einer vertikalen Ausrichtung, nur eine bestimmte Menge an Energie aufnehmen kann und somit eine gewisse Ineffektivität in der neuen Zeit besitzt. Denn um zu erwachen, benötigst du ein energtisches Feld, das sich in einem Maße ausdehnen kann, wie es noch nie vorher geschehen konnte.

So habt ihr über einen sehr langen Zeitraum die Schwingung von 666 in euren Körpern getragen. Diese Schwingung konnte sehr gut von dem vertikalen Chakrensystem aufrechterhalten werden und ermöglichte somit, deinem göttlichen Kern, sich menschlich zu erfahren. Es wurde sehr viel über die Zahl 666 spekuliert und Hypothesen aufgestellt, was sie zu bedeuten habe.

Kryon möchte dir mitteilen, dass diese Zahl von 666 nur einen Ausdruck deiner Schwingung in der Dualität widerspiegelte. Alle anderen Theorien, die dazu entstanden sind und zum Teil heftigste Diskussionen ausgelöst haben, sind nur Ausdruck der menschlichen Vorliebe für Dramen.

Weiterhin möchte Kryon dir sagen, dass die göttliche Energie innerhalb eines bestimmten Schwingungsmusters bestimmte Farben zum Ausdruck bringt, sich auch die euch bekannten Farben der Chakren verändern werden. Denn wenn die innewohnende Schwingung der Chakren sich durch die Höherschwingung all eurer Körper verändert, werden auch die vorhandenen Farben sich verändern müssen. Weiterhin wird sich das dir bekannte vertikale System deiner Chakren zu einem einzigen, vereinigten Chakra ausbilden.

Viele unter euch haben in der Vergangenheit mit Hilfe von Anrufungen oder Visualisierungsübungen mit dem entsprechenden Ausdruck der Farben, ihre Chakren gefüllt und aufgeladen. Eine wundervolle Methode, um seine Energien auszugleichen und zu balancieren. Du wirst den Unterschied spüren können, wenn du beginnst, deine gewohnten Übungen mit den neuen Farben zu vollziehen.

In deiner Vergangenheit war es so, dass, wenn die maximale Aufnahmekapazität deines Chakrensystems mit Prana überschritten wurde, die Energie deiner Seele aus dem physischen Körper weichen musste. Dies geschah regelmäßig, wenn z.B. ein Mensch in seinem physischen Körper die Erleuchtung erlangte. Dann strömte die ganze Schwingung seiner Seelenenergie in all seine Körper und es war dem Chakrensystem nicht möglich, diese hohe Schwingung zu halten. Viele dieser Menschen sind euch bekannt und ihr bezeichnet sie als die aufgestiegenen Meister.

Mit dem vertikalen Chakrensystem war es möglich, eine maximale Lichtaufnahme von ca. 72% zu erreichen und zu halten. Innerhalb der Dualität war es ausreichend, sich in diesen prozentualen Grenzen zu bewegen. Doch die energetische Schwingungserhöhung macht es notwendig, dieses vertikale Chakrensystem dahingehend zu transformieren, dass eine größere Aufnahme der Lichtenergie möglich wird.

Denn du bist dabei zu erwachen. Du erwachst zu deiner Göttlichkeit und dies wirst du in deinem physischen Körper erleben. Du wirst weiterhin in deinem physischen Körper in einem göttlich erwachten Zustand leben.

Jedes Lichtwesen, welches sich in der Wirklichkeit befindet, trägt die Struktur des vereinigten Chakras in sich. Es ist die Voraussetzung, damit sich mit der Erhöhung der Energie ein erweitertes Bewusstsein entfalten kann. Mit der Entfaltung des vereinigten Chakras in dir, wirst du bemerken, dass du beginnen wirst, verändert auf Situationen und Menschen zu reagieren. Zum einen steht dir damit ein höherer Level an Energie zur Verfügung und zum anderen wird es möglich sein, dass deine Seelenstruktur tiefer in dir verankert werden kann. Dieses wunderbare Geschenk wird allen Menschen zum ersten Mal seit Beginn eurer Zeitrechnung zuteil.

Kryon bittet dich, halte für einen Moment inne und spüre, wie viel es für dich bedeutet, dass du in dieser Zeit auf dem Planeten Erde dich befindest und an dem größten Projekt des ersten zentralen Universums teilnehmen kannst. Es gibt einen Grund, weshalb du genau zu dieser Zeit hier bist, auch wenn es dir vielleicht wie ein Zufall erscheint, dass du ein Leben auf Lady Gaia führst.

Ich sage dir, es gibt keinen Zufall und somit gibt es einen Grund für deine Anwesenheit auf dem Planeten. Kryon weiß, dass viele unter euch diesen Grund vergessen haben. Ihr werdet so geliebt. Ihr werdet so sehr geliebt und alle Wesen des Lichtes sind bestrebt, dich dabei zu unterstützen, damit sich die göttliche Wahrheit durch dich ausdrücken kann und du erwachst.

Und so wird Kryon dir in diesem Moment ein Geschenk überbringen. Ich werde beginnen, die Erinnerung in deinen Zellen zu aktivieren, weshalb du dich entschieden hast, auf dem Planeten Erde zu dienen. Dazu wird es notwendig sein, kristalline Strukturen in deinem energetischen Feld zu lösen. Da es einem jeden Lichtwesen untersagt ist, in eure Struktur einzugreifen, ohne die entsprechende Erlaubnis zu bekommen, bittet Kryon dich, wenn du es möchtest, gebe mir die Erlaubnis, in deinem Lichtkörper zu wirken und ich werde mit dem höchsten Aspekt des magnetischen Ausdrucks die kristallinen Strukturen lösen.

Magnetische Energie beginnt einzufließen und Kryon beginnt für dich zu wirken. Genieße diesen Augenblick und gebe dir einen Moment Zeit. Es kann sein, dass Tränen der Erinnerung fließen, wenn du erkennst, welch wunderschönes und großartiges Licht du bist. Und so werde ich dir weitere Erklä-

rungen zu den Veränderungen deines Chakrensystems geben und meine Energie wird ganz nah bei dir sein.

Vielleicht wirst du dich fragen, wie es geschieht, dass dein energetischer Mantel sich verändern kann. Und Kryon möchte dir sagen, es geschieht durch die Liebe allein. Viele lichte Wesen helfen und unterstützen euch dabei, dass dieser Prozess geschehen kann. Ohne die zahlreiche Unterstützung anderer Wesen des Lichtes, wäre dieser Prozess nicht möglich gewesen.

Die eigentliche Veränderung, der Errichtung deines vereinigten Chakras, kann auf unterschiedliche Weisen geschehen. Zum einen kann durch eine Einweihung innerhalb von Minuten die Basis zur Ausbildung deines vereinigten Chakras errichtet werden und zum anderen geschieht es durch den globalen Transformationsprozess, der nach und nach dein vertikales Chakrensystem in das vereinigte Chakrensystem führt.

Beiden Prozessen ist gleich, dass sich eure vorhandene Chakrenstruktur zu weiten beginnt. Sie wird geöffnet und es werden Verbindungen, sowohl zwischen den vorhandenen Chakren als auch zu Strukturen geschaffen, die für die Funktion und Stabilität des vereinigten Chakrensystems erforderlich sind. So werden z.B. euer Alpha- und Omegachakra wieder aktiviert werden, um in einem Ausmaß wirken zu können, wie es ihnen in der vergangenen Zeit nicht möglich gewesen ist.

Das Zentrum dieses Prozesses bildet euer Herz. Die Herzensenergie wird von zentraler Bedeutung bei allen Prozessen der neuen Zeit sein. Von dort aus wird wie durch ein großes Ventil die alles erhaltende und erschaffende Lebensenergie fließen und somit das vereinigte Chakra gebildet, aufrechterhalten und stabilisiert.

Du kannst dir das vereinigte Chakra wie eine große Kugel um dich herum vorstellen. Diese Form ermöglicht es, dass du eine sehr hohe Schwingung in dir aufnehmen und halten kannst. Das vereinigte Chakra kann sich unbegrenzt in alle Richtungen ausdehnen und ermöglicht dir somit, dass du in deinem physischen Körper erwachen kannst.

Viele der nachfolgenden Veränderungen in dir, werden erst durch das Vorhandensein des vereinigten Chakras ermöglicht werden. So wird z.B. durch die Erhöhung deiner Schwingungsfrequenz innerhalb des vereinigten Chakras deine Merkaba vollständig aktiviert werden und neuronale Vernetzungen deines Gehirns können erfolgen. Die Geschwindigkeit deines Manifestierens wird sich beschleunigen.

Somit bildet das vereinigte Chakra die Basis für viele Funktionen deiner Körper in der neuen Zeit und wirkt als Grundstruktur, um weitere tief greifende Veränderungen, die in der Anordnung deines vertikalen Chakrensystems nicht möglich gewesen wären, geschehen zu lassen.

Gehe voller Vertrauen in die neue Zeit und erlaube es dir, ein individueller Ausdruck von Gott auf Erden zu sein. Und somit ist die Zeit für Kryon gekommen, sich von dir zu verabschieden.

Die Botschaften der neuen Zeit wurden dir überbracht und es hat ein Austausch von Liebe und Wissen in einem eigens dafür errichteten Feld stattgefunden.

Meine Liebe für dich ist unermesslich tief.
Und so ist es.
Kryon

Die weibliche Kraft des Universums (Shakti)

Ich bin Shakti, die weibliche, tragende, alles erschaffende Kraft des Universums und ich heiße dich willkommen, der/die du dieses Buch in diesen Augenblicken in deinen Händen hältst.

Es ist mir eine Freude und zugleich eine große Ehre, zu dir zu sprechen und dir meine Botschaften und meine Schwingung zu überbringen.

Ich möchte dir über die weibliche Kraft im Universum berichten, welche in allen Universen wirkt und von tragender Bedeutung ist. Während ich dir die Botschaften übermittle, öffne all deine Kanäle und erlaube es mir, mit meinen Worten deine Seele zu berühren.

Spüre dabei die Liebe von Shakti, die Weisheit und die Kraft, die in diesen Augenblicken beginnt, durch dich zu fließen. Du trägst die weibliche Kraft in dir, egal welchem Geschlecht du zugehörig bist. Spüre wie kraftvoll du bist, wenn du der Weiblichkeit in dir erlaubst zu leben.

Um dies besser zu verstehen, möchte Shakti dir sagen, dass die weibliche Kraft jene Kraft ist, durch deren Erweckung du zu deinem wahren Ursprung finden wirst. Die weibliche Kraft Shaktis stellt in dir ein Gegengewicht zu einer Schwin-

gung dar, die du vor langer Zeit eingeatmet hast und die es dir mit vielen Aspekten ihres eigenen Ausdrucks schwierig macht, deine wahre Natur zu erkennen.

Instinktiv haben die Menschen in allen Zeitepochen von dieser Wahrheit gewusst. Viele Avatare, die auf die Erde gekommen sind, haben immer und immer wieder versucht, die Menschen an die weibliche Kraft in sich zu erinnern. Doch der Schleier des Vergessens wirkte sehr stark und so wurden viele ihrer Worte und Taten überhört und nicht gesehen.

So begab auch Shakti sich vor sehr langer Zeit zu dem Planeten Erde und ich trug meine Schwingung zu den Menschen, um ihnen Unterstützung zu geben bei dem größten kosmischen Geschehen, welches sich in eurem Universum ereignen sollte. An meiner Formulierung kannst du ersehen, dass der Ausgang des Geschehens zu der damaligen Zeit vollkommen ungewiss war.

Als Gegengewicht zu den Avataren auf Erden, gab es Menschen, die einen sehr großen Anteil der Energie in sich trugen, welche von der weiblichen Energie Shaktis balanciert und ausgeglichen werden sollte.

Diese Menschen sahen es als ihre Aufgabe an, die ihnen innewohnende Macht in der Form zu gebrauchen, dass sie damit begannen, die weibliche Kraft in all ihren Facetten des menschlichen Ausdruckes zu bekämpfen und mit allen ihnen zur Verfügung stehenden Mitteln zu zerstören.

Und Shakti bittet dich, verstehe diese Botschaften mit deinem Herzen.

Viele Menschen begannen daraufhin, den weiblichen Anteil in sich selbst zu verleugnen. Sie haben damit begonnen, sich von ihrem weiblichen Kern zu distanzieren, um nicht verletzt zu werden. Es manifestierte sich unbewusst ein Glaubensmuster, dass euch sagte, wenn ich meine Weiblichkeit nicht zeige, dann bin ich unverletzbar und somit auch nicht zu unterdrücken. So dachte ein jeder, er könnte die ersehnte Freiheit erlangen.

Shakti möchte dir noch einmal sagen, dass alle Botschaften, die dir aus der Quelle der Wirklichkeit gegeben werden, niemals einen bewertenden oder beurteilenden Aspekt in sich tragen. Vielmehr geht es darum, den Menschen Hilfe in Form von Botschaften zu geben, damit ein jeder zu dem erwachen kann, was er ist.

Lass uns mit den angefangenen Ausführungen fortfahren. Da es innerhalb der Dualität immer zwei Aspekte von ein und derselben Sache gibt, so muss auch ein gegensätzlicher Anteil zu deinem weiblichen Aspekt existieren. Ihr habt euch darauf geeinigt, diesen Aspekt als den männlichen Aspekt oder Anteil zu bezeichnen. Shakti möchte ihn noch klarer benennen und wird ihn aus diesem Grunde als dein Ego bezeichnen.

Und da die Benennung keinerlei Bewertung in sich trägt, bittet dich Shakti, dein Ego als das anzusehen was es ist – ein Ausdruck deiner Göttlichkeit innerhalb der Dualität. Denn es geht nicht darum, dein Ego zu zerstören oder es als Buhmann hinzustellen, sondern es geht um die Transformation desselben.

Ein jeder von euch hat in seinen vielen Inkarnationen auf dem Planeten Erde ein Stück seiner eigenen erfahrenen Verletzungen in sich getragen. Zudem kam das kollektive Bewusstsein über die Verletzung des weiblichen Anteils in den Menschen.

So ist es nicht verwunderlich, dass die Menschen sich im Laufe ihrer Entwicklung dafür entschieden haben, dem männlichen Anteil ihre gesamte Aufmerksamkeit zu schenken. Sie gaben ihrem männlichen Anteil die Kraft und versuchten schon sehr früh ihren Kindern beizubringen, stark zu sein und ihren weiblichen Ausdruck, der oft als Schwäche dargestellt wurde, zu unterdrücken.

Sie ließen ihrem Ego die führende und tragende Rolle in ihrer gesamten Entwicklung übernehmen. Den weiblichen Anteil in sich haben viele Menschen fast vergessen und viele streiten es ab, genau diesen zu besitzen.

Dabei sind sie dem Irrtum unterlegen, dass die männliche Energie die tragende und erschaffende Energie im Universum sei. Doch das Gegenteil ist der Fall. Die erschaffende Energie im Universum trägt nach euren Gesichtspunkten eine weibliche Energie in sich.

Dies ist auch der Grund, weshalb euch in der jetzigen Zeit die geistigen Wesen immer stärker mit ihrem weiblichen Ausdruck begegnen werden. Auch wenn für dich das Wort Energie etwas Nicht-Fassbares ist, möchte Shakti dir sagen, dass jede Energie etwas Lebendiges ist und viele Energien ein eigenes Bewusstsein in sich tragen.

Shakti möchte dir zwei Fragen stellen: Ist es nicht verwunderlich, dass viele Religionen auf Erden ihrem Gott eine männliche Rolle zugewiesen haben? Und was geschieht, wenn aus einem Irrtum heraus der erschaffenden Energie keine Erlaubnis gegeben wird zu wirken?

Dieser Mensch wird sein wahres Sein nie finden. Denn es ist die weibliche Kraft, die dich zurück nach Hause bringt. Sie bringt dich mit allen Aspekten deines Seins tief in dein Herz, dort wo deine Seele wohnt.

So ist es nicht verwunderlich, dass oftmals Menschen mit einer nur geringen Bildung die direkte Verbindung zum Ursprung sehr schnell finden. Sie müssen keine Hürden ihres männlichen, hinterfragenden Anteiles überwinden. Die weibliche Energie akzeptiert die Einfachheit der Dinge. Sie fordert keine Beweise und verlangt kein Beweisen. Und genau in dieser Einfachheit liegt der Schlüssel zu deinem Erwachen. Die göttliche Wahrheit ist einfach. Zu einfach für euren männlichen

Anteil, der hinterfragt und in dem ganzen Hinterfragen und Sammeln von Beweisen nicht bemerkt, wie er sich in einem gedanklichen Rad bewegt.

Oftmals sagt der männliche Anteil in dir: „Du musst kämpfen, du musst dich behaupten. Wenn du dies nicht tust, wirst du nicht beachtet und du gehst sprichwörtlich unter." Warum musst du dich behaupten?

Der weibliche Anteil in dir sagt: „Du musst nicht kämpfen, deine Realität beruht auf dem Prinzip des freien Willens und du hast die Möglichkeit der Wahl. Wie immer du dich entscheidest, das Leben spiegelt dir das, was du glaubst zu sein."

Und Shakti möchte dich ermutigen, erlaube dir, dich für den Frieden in dir zu entscheiden. Lasse alle Kämpfe in dir gehen, die du aus einem Grund heraus führst, die auf einen Irrtum beruhen. Entscheide dich für die tragende, alles erschaffende Kraft, die du in dir trägst.

Ich danke dir für das, was du bist und ich werde dir in diesem Augenblick das Geschenk dieses Kapitels überbringen. Meine ganze Liebe und Kraft werde ich durch all deine Körper fluten.

Du wirst die Kraft und die Liebe von Shakti spüren. Es ist die Schwingung des Erwachens. Fühle diese Reinheit und genieße diesen Augenblick (Nimm dir einen Augenblick Zeit, bevor du weiterliest).

Es ist mir wichtig, dir mitzuteilen, dass du ein Gleichgewicht in dir finden solltest, welches dir ermöglicht, beide Aspekte deines Seins – deinen männlichen und weiblichen – miteinander in Einklang und in Harmonie zu leben. Denke nicht in der Ausschließlichkeit, sondern vereine. So wie es Kryon schon sagte: „Fusion statt Spaltung."

All deine weiblichen Aspekte werden sich erheben und dich nach Hause führen. Sie öffnen dir den Weg der Einfachheit und zeigen dir das, was dein männlicher Anteil versucht zu beweisen.

Und wenn die Zeit gekommen ist, wird sich die Energie von Shakti, die auf eurem wunderschönen Planeten Erde in dem Gebiet eurer Pyramiden verankert ist, erheben und einen jeden Menschen in das neue Zeitalter führen.

Shakti sagt dir mit der ganzen Kraft der absoluten Wahrheit:

„Du bist ein hohes kosmisches Licht auf Erden – werde dir dessen wieder bewusst."

Die neue Zeit hat schon begonnen.

An Anasha
Shakti

Beziehungen in der neuen Zeit (Jesus Christus)

Aus der unerschöpflichen Quelle der allumfassenden Liebe heraus sendet Jesus der Christus die Botschaften der neuen Zeit für dich. Fühle dich getragen von dem goldenen Licht Sanandas, welches sich beginnt in diesem Augenblick um dich zu legen.

Während du die nachfolgenden Botschaften liest, werde ich mein goldenes Licht in deinem Herzen zirkulieren lassen.

Du bist einen weiten Weg gegangen, durch viele Inkarnationen hindurch, um in deiner jetzigen Inkarnation die Vollendung zu erfahren. Du wirst die Vollendung eines Weges erfahren, der dich am Ziel zu deinem wahren zu Hause bringen wird. Es wird sich in dieser Inkarnation ein neues Leben für dich eröffnen, denn die Strukturen und Programme der Dualität werden transformiert.

Ein Leben in Fülle, Glück, Wohlstand und Gesundheit wird sich für dich einstellen. Was du dafür tun musst? Sei bereit, die alten Informationen, die man dir gab, gehen zu lassen. Oft hat man dir erzählt, dass du nicht gut genug bist, dass du mehr leisten müsstest, dass du dieses oder jenes nicht kannst. Man verlangte von dir Beweise für deine Liebe und du warst bereit, diese Beweise zu erbringen. Aus einer Angst heraus, die du in dir getragen hast, warst du bereit, Beweise für deine Liebe zu erbringen, obwohl du sie oft für unnötig gehalten hast. Denn du wolltest nicht verlassen werden, du wolltest gesehen und gehört werden, du wolltest geliebt werden.

Jesus der Christus möchte dir sagen, wenn ein Mensch einen Beweis deiner Liebe für sich einfordert, lasse ihn gehen. Du bist ein hohes kosmisches Licht im menschlichen Körper. Werde dir dessen wieder bewusst. Und so möchte Jesus der Christus mit dir über ein Thema sprechen, welches sich grundlegenden Veränderungen in der neuen Zeit unterziehen wird. Es wird einen tief greifenden Transformationsprozess in dem objektiven Erleben und Erfahren deiner gelebten Beziehungen geben.

Ich weiß, dass es in jeder Form deiner Beziehungen, sei es in der Beziehung zu dir selbst, in der Beziehung zu dem Verständnis wer und was die göttliche Quelle ist, Veränderungen geben wird – doch möchte ich auf einen Aspekt deiner Beziehungen speziell eingehen – auf die Beziehungen zu anderen Menschen innerhalb deiner Familie. Denn die Energien, die in euren Familienstrukturen wirken, werden sich auflösen und der Vergangenheit angehören.

Dadurch, dass sich die Dualität auflösen wird, werden die grundlegenden Strukturen deiner bisherigen Familienstrukturen nicht mehr benötigt. Denn auch diese Strukturen waren in der Vergangenheit ein Markenzeichen der Dualität. In keinem anderen Universum sind diese Strukturen von

Erwartung, Verantwortung und Forderung so gelagert, wie auf eurem Planeten. In der neuen Zeit wird es diese Form der Familienstruktur nicht mehr geben. Sie wird für dein Erfahren nicht mehr benötigt werden. Es wird weiterhin Eltern, Söhne und Töchter geben – nur die zwischen ihnen bisher wirkenden Energien werden nicht mehr vorhanden sein.

In der Vergangenheit war es so gewesen, dass sich deine Seelenstruktur immer entschieden hat, in einem bestimmten Gebiet der Erde, in eine bestehende Familienstruktur zu inkarnieren. Oftmals bestanden diese Strukturen innerhalb einer Familie über viele Generationen hinweg und prägten das Erscheinungsbild jedes einzelnen Mitgliedes der Familie sehr stark.

Da etwas innerhalb der Dualität wirken kann, das ihr als Karma bezeichnet, konnten die Prägungen dieser Strukturen sich so tief in dir verankern. Aufgrund des Vorhandenseins von Karma, konnten erst die tief greifenden, oftmals zerstörerischen Beziehungen wirken. Karma ist wie ein Band, das euch in gewissen, vordefinierten Bahnen hält und die damit verbundenen Situationen entstehen und erfahren lässt.

Doch ist es in eurer gegenwärtigen Zeit so, dass es aufgrund der großen Transformations- und Umwandlungsprozesse kein Karma mehr gibt. Diese Struktur der Dualität war eine der ersten Strukturen, die von euch genommen wurde, damit eine Entwicklung hin zum göttlichen Menschen einsetzen konnte. Denn mit Karma kann keine freie Entwicklung ent-

stehen. Und genau diese Freiheit ist es, welche dich in die Tiefe deiner wahren göttlichen Kraft bringen wird.

Es ist wichtig zu verstehen, dass du mit der Information des Vorhandenseins und des Wirkens von Karma auf die Erde gekommen bist. Es war also eine Information, die in deiner allgemeinen Struktur angelegt und auch als Information in deinen Zellen und in dem kollektiven Bewusstsein der Menschen vorhanden war.

Was ich damit zum Ausdruck bringen möchte ist, dass es Karma in der Form nicht mehr gibt und es nicht mehr wirken kann, dass es aber aufgrund dessen, dass es als eine Anlage in euch vorhanden war, eine Erinnerung daran gibt und dich beeinflussen kann. Somit wirkten die Kräfte des Karmas zwischen zwei oder mehreren Menschen und ließen dich die darin enthaltenen Potentiale erfahren. Es war sozusagen das Salz in der Suppe deines Lebens. Was verändert sich aber nun für euch, wenn das Karma nicht mehr wirkt, wenn das Salz in der Suppe fehlt?

Jesus Christus möchte darauf näher eingehen und dir erklären, weshalb sich in deinem emotionalen Fühlen eine Veränderung deiner Wahrnehmung einstellen wird. Du weißt, dass Karma ein Grund dafür war, dass du bestimmte emotionale Erfahrungen durchleben konntest. Ohne Karma wäre dies nicht möglich gewesen. Situationen waren für dich dadurch mit bestimmten emotionalen Empfindungen verknüpft. Das ganze Spektrum menschlicher Emotionen war dadurch für dich erlebbar. Und vielleicht wirst du dich nun fragen – werde ich keine Emotionen mehr haben? Ich möchte dir sagen, dass du weiterhin Emotionen haben und fühlen wirst, sie sich aber für dich anders darstellen werden.

Du wirst sie, in deiner Sprache ausgedrückt, als etwas Neutrales erfahren, was sie in Wirklichkeit auch sind. Es wird in dir weniger Aufruhr geben wie in der Vergangenheit, sondern du wirst den Situationen ruhiger und gelassener entgegentreten. Dieses kann dadurch geschehen, dass sich in deinem Bewusstsein immer stärker das Wissen ausbreitet, dass alles so ist, wie es ist. Du wirst nicht mehr versuchen, Situationen und Menschen aufgrund eines vorhandenen Musters in dir festzuhalten oder herbeizurufen, sondern du wirst dich von dem Leben führen lassen ohne Zweifel und ohne Ängste.

Es wird sich eine gewisse Neutralität gegenüber Situationen und Menschen einstellen, ohne dass dein Fühlen dabei verloren geht. Vielleicht ist es für dich in diesem Moment noch schwer vorstellbar, wie das funktionieren soll – doch bedenke, deine momentanen Gesetzmäßigkeiten werden in vielem keinen Bestand mehr haben. Der Grund deines Hierseins, wird in der Zukunft ein anderer sein als der, wegen dem du gekommen bist. Viele deiner emotionalen Strukturen und Muster wirst du nicht mehr haben. Du wirst frei sein.

Und etwas Wunderbares geschieht in dieser deiner Zeit. Und so möchte ich ganz speziell meine Worte an euch Eltern richten und euch sagen, dass eure Kinder ohne die euch bekannten emotionalen Anlagen des Karmas und der Verstrickungen zu euch kommen. Sie sind frei und können dir ein Spiegel sein für die Freiheit, die vor dir liegt.

Viele Menschen fühlen in dieser Zeit schon eine gewisse Neutralität gegenüber Ereignissen, die sie betreffen. Es ist kein Abstumpfen der Gefühle, wie ihr es oft meint – es ist vielmehr ein Fühlen dessen, dass alles so ist, wie es ist. Keinen Kampf benötigt es mehr, sondern der Frieden kann gelebt werden. Und Jesus der Christus bittet dich, verstehe diese Worte mit deinem Herzen dort, wo ich in dir zu Hause bin und dich erreichen möchte. Ein jedes Lichtwesen, das seine Botschaften dir übermittelt, möchte mit seinen Worten deine Seele berühren. Und ich bitte dich – lass dich berühren.

Es war mir eine Ehre und zugleich eine große Freude, dir über das zu berichten, was vor dir liegt. Das Universum möchte nicht, dass es dir an irgendetwas mangelt und so sagt Jesus der Christus dir:

„Du bist ein hohes kosmisches Licht im menschlichen Körper und du kannst alles erreichen, wenn du alles aus der Freude und der Liebe in dir heraus geschehen lässt."

Ich bin immer bei Dir.

An Anasha
Jesus der Christus

Der Aufstiegsprozess des Friedens (Adonai Ashtar Sheran)

Ich bin Adonai Ashtar Sheran und ich spreche in meiner Funktion als der Botschafter des Friedens zu dir. Ich begrüße dich aus den Bereichen der Wirklichkeit, in denen die große Friedensenergie jenseits von Zeit und Raum für alle Wesen im Universum wirkt und sende dir die Worte OMAR TA SATT.

Und während die Friedensenergie und die Worte OMAR TA SATT dich erreichen, wird ein Ausgleich deiner Energien vorgenommen. Somit wird es für dich möglich sein, deinen inneren Frieden stärker wahrzunehmen. Mein Licht und meine Liebe bringe ich ebenfalls in diesem Augenblick zu dir und reiche dir meine Hand.

Adonai Ashtar Sheran bittet dich, erlaube es deinem inneren Kern sich zu entspannen und während du diese Zeilen liest, werde ich beginnen, all deine inneren Aspekte auszugleichen.

Ich weiß, was es für dich bedeutet, ein Mensch zu sein. Ich weiß, was es für dich bedeutet, in dieser Enge, in dieser Begrenzung deines Seins zu leben, obwohl du oftmals fühlst, dass es in dir noch so viel mehr zu entdecken gibt.

Und Adonai Ashtar Sheran möchte zu dir über den Prozess des Aufstiegs sprechen, der gleichzeitig ein Prozess des Frie-

dens ist. Denn diese große kosmische Transformation ist zugleich ein Weg des Friedens und des Mitgefühls. Dauerhafte, harmonische Veränderung kann nur dort geschehen, wo die einhergehenden Veränderungen in Frieden geschehen sind. Denn wenn die Veränderungen in Frieden geschehen, dann ist in den Menschen die Akzeptanz für alle stattfindenden Veränderungen vorhanden und kein Widerstand kann diesen Prozess stoppen oder gegensätzlich verlaufen lassen. Aus diesem Grund, werde ich dir mehr über den Frieden berichten. Denn in meiner Funktion als der Kommandant der vereinigten Lichtflotte bin ich gleichzeitig als Botschafter des Friedens in allen Universen unterwegs.

Wie kann man es erreichen, dass eine Veränderung in Frieden geschieht? Wie kann man es erreichen, dass der Frieden selbst in jedem beteiligten Wesen entstehen und wirken kann? Die Antwort auf diese Frage ist sehr einfach.

Dauerhafter Frieden kann dort entstehen, wo die göttliche Liebe in ihrer Essenz verstanden und angenommen wurde und die anstehenden Veränderungen in dem Bewusstsein derselbigen geschehen. In der scheinbaren Abwesenheit der göttlichen Liebe kann sich kein dauerhafter Frieden entwickeln. Deswegen ist es notwendig, dem Menschen selbst das Verständnis für die große Bedeutung des Friedens näher zu bringen, damit das Vertrauen, die Führung auf dem Weg nach Hause übernehmen kann.

Der erste Schritt, der dazu notwendig ist, ist das Verständnis der allumfassenden Liebe in einem jeden Menschen zu erwecken. Denn wenn der Mensch erkennt, dass die Gegenwart Gottes allgegenwärtig ist, kann sich die Schwingung des Friedens entfalten. Dies kannst du dadurch erreichen, dass du bereit bist, dein Gefäß der Erfahrungen – das oftmals mit schmerzlichen Erinnerungen gefüllt ist – zu leeren. Wenn du dies tust, ist in dir selbst nichts mehr vorhanden, wofür dein menschliches Gegenüber dir als Spiegel dienen kann und der Weg ist frei, dich für das Neue und den Frieden in dir zu öffnen.

Mir ist bewusst, dass dir diese Aussage schon oft überbracht wurde. Immer wieder wurde dir gesagt, du musst zuerst dich selber lieben lernen, bevor du anderen Menschen mit der bedingungslosen Liebe in deinem Herzen begegnen kannst. Doch erlaube es mir, die dir gegebenen Informationen in einem erweiterten Rahmen zu betrachten und sie dir aus meiner Sicht zu erklären.

Die Energie des Friedens setzt sich aus vielen einzelnen, unterschiedlichen Frequenzen des göttlichen Gedankenfeldes zusammen. So wie ein wunderschöner Kuchen nur aus dem Zusammenfügen einzelner, unterschiedlicher Zutaten entstehen kann, wird auch die Friedensenergie in den hohen Bereichen des Lichtes aus verschiedenen, einzelnen Frequenzen erschaffen, aus denen in ihrer Gesamtheit die wundervolle, ausgleichende Energie des Friedens entsteht.

Wenn nun ein Mensch um die Energie des Friedens bittet, wird sie aus den Bereichen der Wirklichkeit in seinen Lichtkörper gebracht und beginnt sich von dort in all seine Körper bis in den dichtesten Teil seines physischen Körpers auszudehnen.

Während dies geschieht, werden alle wirkenden und sich in dem Energiefeld des Menschen bewegenden Energien ausgeglichen, harmonisiert und miteinander in göttlichen Einklang gebracht. Es kommt zu einer Harmonisierung des energetischen Feldes, so dass er in sein inneres Gleichgewicht gebracht werden kann. Er wird zentriert und hat somit die Möglichkeit, seinen Fokus auf das Wesentliche in seinem Leben zu richten. Es wird eine große Ruhe und Gelassenheit erfahrbar werden.

Denn sei dir bewusst, wenn du in deinem Inneren Unfrieden trägst, bewegen sich diese Energien aus deinem Inneren nach außen und werden für dich genau diese Situationen in deiner Realität wieder erschaffen. Du bist der Schöpfer deiner Realität.

Sehr oft, wenn ein Mensch um die Energie des Friedens bittet, fällt es ihm schwer, den geschehenen Ausgleich wahrzunehmen, da der Oberflächenverstand sich weiterhin intensiv mit Dingen der Illusion auseinander setzt und somit das Fühlen auf einer tieferen Ebene behindert. Die Energie des Friedens lässt eine Harmonisierung deiner Energien geschehen – doch bleibt die momentane, aktive Ausrichtung und Beschäftigung deines Geistes davon unberührt.

Und so möchte ich dir sagen, wann immer du um die Energie des Friedens bittest, tue dies nicht nebenbei, sondern ehre den Augenblick, in welchem sie zu dir gebracht wird und nimm dir ganz bewusst Zeit dafür. Wenn es dir möglich ist, schließe in diesen Augenblicken deine Augen, gehe bewusst in dein Herz, vereinige deine Chakren und signalisiere somit den hohen Ebenen des Lichtes, dass du bewusst die Absicht triffst, aus der Illusion herauszutreten, um die Wirklichkeit in Form des Friedens zu empfangen.

Adonai Ashtar Sheran sagt dir, dass in diesen Augenblicken die hohen Meister des Lichtes, die Engel vor dir knien und dich ehren werden, während dir das Geschenk, um welches du gebeten hast, überbracht wird. Sei dir dessen immer bewusst. Wann immer in dir eine Erweiterung deines Bewusstseins hin zu einer größeren Akzeptanz der göttlichen Wahrheit erfolgt, wird die Schwingung der Friedensenergie unterstützend wirken.

Denn große, kosmische Transformationen, die anhaltenden Bestand haben, werden begleitet und oftmals eingeleitet von der Schwingung der Friedensenergie. Viele Transformationen könnten nicht geschehen, wenn der innere Frieden nicht anwesend wäre. Das Erfahren des Friedens erlaubt dir, die Dinge so zu sehen, wie sie sind. In dir wird das Verständnis für die Aussage geboren „Alles ist so, wie es ist".

Es wird in dir kein Kampf mehr vorhanden sein, an bestehenden Situationen festzuhalten und somit notwendige Verän-

derungen zu verhindern. Du bekommst die Möglichkeit, alles aus einer größeren Perspektive zu sehen und gleichzeitig in deinem Inneren den Frieden zu fühlen.

Adonai Ashtar Sheran möchte dir auch erklären, weshalb es wichtig ist, aus der Vereinigung deiner Chakren heraus, um die Energie des Friedens zu bitten.

Wie du in einem vorherigen Kapitel von Kryon gelesen hast, erlaubt dir das vereinigte Chakra, dich aus dem Kollektiv der Dualität herauszunehmen. Das heißt, wenn du dich in dem vereinigten Feld deiner Chakren befindest, kannst du die Wirklichkeit erfahren und aus ihr heraus handeln. Vielleicht ist die nachfolgende Information neu für dich und ich bitte dich, sie mit deinem Herzen zu verstehen.

Da die Dualität auf das Existieren von Gegensätzlichkeiten beruht, erzeugst du automatisch immer auch die gegenteilige Energie dessen, worum du bittest. In unserem Kapitel würde dies bedeuten, wann immer du innerhalb der Dualität um Frieden bittest, wird gleichzeitig auch die gegenteilige Energie erzeugt. Dies ist eine Gesetzmäßigkeit der Dualität.

Macht diese Aussage für dich einen Sinn und gibt dir vielleicht eine Erklärung, weshalb dies ein Grund von verschiedenen Gründen sein kann, weshalb es immer wieder zu Kriegen auf dem Planeten Erde kommt, obwohl so viele Menschen um Frieden beten?

Verstehe mit deinem Herzen und erlaube dir im Frieden zu sein. Lasse dich für einen Moment umarmen, du strahlender Engel, der alles Wissen in sich trägt. Ich möchte dir sagen, dass es mir eine sehr große Freude bereitet, dir diese Botschaften zu überbringen.

Zum Schluss dieses Kapitels möchte ich noch auf einen Bereich deines Lebens eingehen, der sehr viel mit deinem inneren Frieden zu tun hat und dir erklären, wie eine bestehende Aussage unter den Menschen, mehr an Klarheit gewinnen kann. Die Aussage, die ich dir aus meiner Sicht erklären möchte ist die, dass häufig den Menschen, die sich bewusst auf ihren inneren Weg begeben, gesagt wird: „Wenn du dein Herz öffnest, wirst du jeden Menschen lieben können."

Eine sehr schöne Vorstellung und ein erstrebenswertes Ziel zugleich. Gleichzeitig setzt es viele Menschen unter Druck, da es für sie eine große Überwindung bedeutet, diese Aussage zu realisieren. Sie befürchten, wenn ich nicht jeden Menschen liebe, ist mein Herz nicht weit genug geöffnet bzw. ich bin nicht spirituell genug.

Adonai Ashtar Sheran möchte dir sagen, dass es nicht darum geht, dass du jeden Menschen lieben musst. Vielmehr geht es darum, dass du jeden Menschen mit dem Frieden in deinem Herzen begegnen kannst. Dies bedeutet in der Dualität einen großen Unterschied.

Das Wichtigste, was du dabei für dich erkennen kannst ist, dass jeder Mensch seinen ganz individuellen Weg geht, um sich menschlich zu erfahren. Wenn du dies erkennst, wirst du bereit sein, deinen Frieden mit dem Menschen zu teilen, den du ihm vorher noch verwehrt hast und wirst Zeuge der sich daraus ergebenen Veränderung in deinem menschlichen Spiegel werden.

So wie du deinen Weg auf deiner menschlichen Reise gehst, geht auch dein Nachbar seinen Weg. Doch das, was euch beide miteinander verbindet, ist die gemeinsame Suche nach der Wirklichkeit. Eure Suche nach dem Ursprung. Ihr geht nur unterschiedliche Wege, um eure Suche zum Ende zu bringen und sammelt auf diesem Weg individuelle Erfahrungen, die wiederum eure unterschiedlichen Reaktionen auf ein und dieselbe Situation begründen.

Und auch das Sehen der Situationen aus deinem inneren Frieden heraus bedeutet nicht, dass du alles so geschehen lassen sollst, wie es kommt und dich in eine Tatlosigkeit versteckst.

Vielmehr bedeutet es, aus der Stille deines Herzen und somit aus einem größeren Verständnis heraus alles zu betrachten, um dir die Möglichkeit zu geben, aus deinem höchsten Selbst heraus zu handeln.

Es wird der Moment kommen, in dem ein jeder Mensch den Engel in seinem menschlichen Gegenüber erkennen wird.

Gesegnet ist dieser Moment und so verabschiedet sich Adonai Ashtar Sheran aus dem Bewusstsein des Friedens heraus und sagt dir:

„Ich werde alles tun, damit ein jeder Mensch seinen Frieden finden wird."

An Anasha
Adonai Ashtar Sheran

Telepathie
(Adonai Ashtar Sheran und Kryon)

Aus den Bereichen in denen keine Zeit und kein Raum existieren, begrüßen dich Adonai Ashtar Sheran und Kryon mit den Worten OMAR TA SATT.

Adonai Ashtar Sheran wird dir die Botschaften dieses Kapitels übermitteln und Kryon wird anwesend sein und magnetische Energie zu dir bringen.

Das Netz, genannt das Liebesnetz der Wirklichkeit, wird vor dir ausgebreitet, um dir zu dienen. Kryon und ich werden dir die nicht zu beschreibenden Frequenzen der Heilung und des Erwachens senden, während wir dir über ein Thema berichten, dessen Inhalt für einen jeden Menschen in der nächsten Zeit Realität bedeuten wird.

Es geht um das Thema der Telepathie. Ein sehr interessantes Thema und ein wichtiges zugleich. In der neuen Zeit werden die Menschen wieder lernen, das ihnen innewohnende Potential der Telepathie bewusst zu nutzen.

Erlaube dir die nachfolgenden Botschaften in deinem Herzen, mit dem Bewusstsein deiner Seele zu verstehen. Gleichzeitig wird Kryon die magnetische Energie anheben und wir werden dich berühren.

Ich sage bewusst, dass die Menschen lernen werden, Telepathie bewusst zu nutzen, da ihr als Menschen die Telepathie jeden Tag, ja fast jede Sekunde benutzt, ohne euch dessen bewusst zu sein. Doch wann ihr sie unbewusst benutzt, darauf möchte ich später zu sprechen kommen. Zuerst möchte ich dir eine Erklärung geben, wie die Telepathie funktioniert, wie sie entsteht und welchen Zusammenhang es zwischen Telepathie und Telekinese gibt.

Für die Menschen sind Telepathie und Telekinese zwei voneinander unterschiedlich wirkende Vorgänge. In den Bereichen der Wirklichkeit, in denen sich die eine Wahrheit durch ein jedes Bewusstsein ausdrückt und bewegt, sind diese beiden Vorgänge, Potentiale, die nicht getrennt voneinander betrachtet werden können. Denn das eine setzt das andere voraus bzw. es sind zwei Potentiale, die im Zusammenhang wirken. Die Telekinese setzt die Telepathie voraus und sie werden zusammen benutzt.

Für die Menschen bedeutet der Begriff Telepathie oftmals die Übertragung von Gedankenimpulsen an einen anderen Menschen. Telekinese bedeutet für euch das Bewegen von Materie mit Hilfe eures Geistes.

Sei bereit, den Rahmen dessen, was diese beiden Begriffe für dich bedeuten, nun zu erweitern, um eine umfassende Sicht zu erhalten. Gleichzeitig gleiche ich deine inneren Aspekte aus und lasse meine Schwingung stärker zu dir fließen. Ado-

nai Ashtar Sheran und Kryon sind dir in diesem Augenblick ganz nah.

Du bist ein wundervolles vollkommenes Geschöpf der Göttlichkeit. Du trägst viele Frequenzen in deinem Inneren, von denen du nichts weißt und die du auf deiner menschlichen Reise gar nicht oder nur teilweise benutzt. Dies wird sich nun für dich ändern. In der neuen Zeit, wirst du erwachen und dir dessen bewusst werden, was du bist und welche Schönheit du in dir trägst. Du wirst erstaunt sein, welch großartiges Licht du bist.

So trägst du eine Frequenz in dir, die Telepathie. Diese Frequenz wirkt durch einen eigenen Kanal hindurch. Dieser Kanal wird in der Jetztzeit bei vielen Menschen wieder aktiviert und stabilisiert. Es ist eine besondere Frequenz, aus der du, aus deinem höheren Selbst heraus, ein magnetisches Potential aufbaust und dieses dann in deiner Realität wirken lässt.

Für dich ist die Information wichtig, dass Telepathie mit Hilfe eines magnetischen Potentials wirkt und nicht wie ihr es gewohnt seid, mit Hilfe eines elektrischen Impulses.

Je mehr magnetische Energie ein Mensch in seinem Inneren besitzt, desto kraftvoller kann die Telepathie wirken. Die Absicht ist ein wichtiges Potential deines Lebens, um die Prozesse desselben zu gestallten. Was ich damit zum Ausdruck bringen möchte ist Folgendes: Je größer deine Absicht ist, Telepathie wieder zu erlernen, desto bessere Erfolge wirst du er-

zielen. Und mit dem Aussenden eines magnetischen Impulses, wirst du eine Veränderung in deiner bestehenden Realität erzielen, der z.B. als Telekinese bezeichnet wird.

Zu Beginn des Kapitels habe ich erwähnt, dass du Telepathie unbewusst benutzt. Ich möchte dir nun mehr Informationen über dieses unbewusste Benutzen mitteilen.

Du wendest Telepathie in einer etwas „abgespeckten Form" an. Denn es ist dir in diesem unbewussten Anwenden möglich, einen magnetischen Impuls zu erzeugen, der in die Strukturen deines Gehirns gesendet, dort in elektrische Energie umgewandelt und danach zur eigentlichen Ausführung gebracht wird.

Ich meine damit die Bewegung deines physischen Körpers. Hast du dir schon einmal überlegt, was geschieht, bevor es zu einer Bewegung deines physischen Körpers kommt? Wie dieser Impuls in deinem Gehirn entsteht und was diesen Impuls und dieses Potential entstehen lässt? Woher kommt dieser Impuls und was lässt ihn entstehen? Mir ist bewusst, dass eure Wissenschaftler Erklärungen für diesen Vorgang haben, aber kann es sein, dass eine andere Wahrheit diese Funktion bedingt?

Eine letztendliche Erklärung für das Entstehen des Bewegungsimpulses deines Körpers kann erst erfolgen, wenn der Mensch, welcher die wirkliche Erklärung sucht, bereit ist, die

Antwort in einem Bereich zu finden, der jetzt noch im Dunkeln liegt.

Und so möchte ich dir sagen, dass die Bewegung deines physischen Körpers auf eine Form der Telepathie basiert, die eure Wissenschaftler in der nächsten Zeit intensiver untersuchen werden. Denn mit dem globalen Transmutationsprozess werden die Neurologen unter euch erstaunliche Veränderungen der neuronalen Vernetzungen des Gehirnes machen, auf deren Grundlage sie, das selbst für sie bestehende Geheimnis lüften werden.

Die Bewegung deines Körpers ist ein bewusster Vorgang – das Entstehenlassen des magnetischen Impulses dagegen geschieht unbewusst. So kannst du auch verstehen, weshalb es im Schlaf zu einer Bewegung deines Körpers kommt, obwohl dein Wachbewusstsein dies nicht veranlassen kann. Und wenn du sie nicht bewusst veranlasst, woher kommt dieser Impuls?

Somit bedienst du dich, ohne es zu wissen, der Telepathie. Es ist eine eher eintönige Telepathie, denn sie lässt nur die Bewegung deines Körpers zu. Und wenn du es genau betrachtest, ist die Bewegung deines Körpers die nachgeschaltete Reaktion der Telekinese auf die Anwendung der Telepathie. Denn Materie, verdichtetes Licht, wird von Punkt A nach Punkt B gebracht.

Du kannst nun meine Aussage, die ich am Anfang des Kapitels machte besser verstehen, denn aus unserer Sicht können diese beiden Vorgänge nicht getrennt voneinander betrachtet werden.

Was für ein Gefühl ist es für dich zu wissen, dass du Telepathie in deinem Alltag benutzt und wie fühlt es sich an, aus dem bisher unbewussten Vorgang einen bewussten zu machen?

Zum Schluss unseres Kapitels möchte ich dir noch erklären, woher dieser Impuls kommt, der ein magnetisches Auslösepotential zur Bewegung deines Körpers entstehen lässt.

Um diese Erklärung zu verstehen, wird es notwendig sein, dein Herz zu öffnen und einen weiteren Schritt in einen Bereich zu gehen, der bisher im Verborgenen lag. Adonai Ashtar Sheran dankt dir aus tiefstem Herzen für deine Bereitschaft, die Botschaften der neuen Zeit zu lesen und in dir wirken zu lassen.

Wir wissen, dass die Botschaften der neuen Zeit für viele Menschen nicht annehmbar sind, da sie ihr bestehendes Weltbild zerbröckeln lassen und sie nicht bereit sind, das Altbekannte, ihnen Vertraute gehen zu lassen. Sie akzeptieren nur die eine Wahrheit und sie werden zu einem späteren Zeitpunkt verstehen, welchen großartigen Prozess ihr momentan durchlauft.

Und wenn auch du in diesem Moment sagst, diese Informationen können nicht der Wahrheit entsprechen, so antwor-

tet dir Adonai Ashtar Sheran mit seiner ganzen Liebe: „Wir kennen den Grund, weshalb es dir schwer fällt, den neuen Botschaften zu vertrauen und gerade deshalb breiten wir für dich das Netz der Liebe aus und rufen dir zu:

„Du wirst unermesslich geliebt."

Doch nun lass mich die letzte Erklärung dieses Kapitels geben. Der Entstehungsort der magnetischen Impulsaussendung liegt in einem Bereich, den du als dein höheres Selbst bezeichnest. Dort wird ein magnetischer Impuls an dein Gehirn geschickt und die Bewegung deines Körpers erfolgt. Dieser magnetische Impuls kann als elektrisches Potential gemessen werden.

Dieser Bereich deines höheren Selbstes ist für dich im Moment nicht kontrollierbar, so wie z.B. auch andere Mechanismen deines Körpers sich einer bewussten Beeinflussung entziehen.

Und wenn du dich nun fragst, ob du oder etwas Anderes nun deinen Körper bewegt, so möchte ich dir folgende Antwort auf diese Frage geben: Du bewegst deinen Körper mit einem Bereich von dir selbst, den du in dieser Zeit bereit sein wirst, neu zu entdecken.

Meine Liebe für dich ist unermesslich tief, denn ich weiß, was es für dich bedeutet, durch diesen tiefen Transformationsprozess deines Lebens zu gehen.

Und so verneigen sich Adonai Ashtar Sheran und Kryon vor dem wundervollen Engel, der glaubt, er sei nur ein Mensch und wir sagen dir:

„Wir werden alles tun, damit du erkennst, was du wirklich bist."

Adonai Ashtar Sheran und Kryon

Avalon
(Erzengel Michael)

OMAR TA SATT der neuen Zeit, du strahlendes göttliches Licht im Universum, welches sich entschieden hat, das göttliche allumfassende Bewusstsein der Wirklichkeit auf dem Planeten Erde zu verankern.

Ich bin Erzengel Michael und in diesem Augenblick lasse ich all meine Liebe, die ich für dich empfinde, zu dir strömen und dein Lichtkörper beginnt sich auszudehnen, zu vibrieren und in den hellsten Farben zu schwingen.

Es ist mir eine Ehre, dem Engel, der diese Zeilen liest, auf seinem Weg des göttlichen Erwachens ein Stück zu begleiten und wenn du es mir erlaubst, werde ich dich auf meinen Händen tragen und du wirst den Schutz und die Geborgenheit spüren können, die meine Schwingung dir gewährt. Ich freue mich sehr, dass mir die Möglichkeit gegeben wurde, in dieser Form zu dir zu sprechen und für dich zu wirken.

Auch ich kenne all deine menschlichen Aspekte und Empfindungen sehr genau, da auch ich mich einst in der Dualität, in einer Zeit, über die ich dir berichten möchte, menschlich erfahren habe.

Die Zeitqualität auf Erden, über die ich dir berichten möchte, hat dich stärker als alle anderen Epochen auf der Erde geprägt. Deine abgelegten Eide, Versprechen und Gelöbnisse haben eine sehr große Kraft beinhaltet und wirken zum Teil bis in dein heutiges Leben hinein. Es war unsere gemeinsame Zeit von Avalon.

Du wirst dich vielleicht fragen, wie das möglich ist, dass deine Gelöbnisse aus der Zeit von Avalon in deiner Jetztzeit wirken können und ich sage dir, du wirst durch die weiteren Botschaften, die ich dir überbringe, die Antwort darauf bekommen.

Wie immer bitte ich dich, öffne für die nachfolgenden Botschaften dein Herz und verstehe in deiner Seele den Inhalt des Geschenkes, welches ich dir nun überbringen werde.

Bevor ich damit beginne, dir die Botschaften zu überbringen, begrüße ich die Hohepriester und Hohepriesterinnen, ich begrüße die Magier und ich heiße Merlin willkommen. Ihr habt in den Zeiten von Avalon Großartiges geleistet und vollbracht. An Anasha.

Gleichzeitig beginnt sich die hohe Energie von Avalon hinter jedem einzelnen Buchstaben zu manifestieren und du kannst sie fühlen. Ich weiß, dass diejenigen unter Euch, welche in den großen Zeiten von Avalon gewirkt haben, dies in diesem Augenblick zu fühlen beginnen. Ich weiß, dass viele Tränen in diesem Moment fließen werden, denn die Schwingung von Avalon setzt die Erinnerungen in dir frei.

Lass alles geschehen und sei dir bewusst, die Liebe Gottes beginnt, dich zu berühren. Erzengel Michael ist bei dir und ich verneige mich vor dir. Du wirst unermesslich geliebt.

Avalon war eine sehr mystische Zeit, eine sehr energetische Zeit, die sich in einer sehr hohen Schwingung befunden hat. Es war die Zeit der Hohepriester und Hohepriesterinnen, es war die Zeit der Magier, es war die Zeit von Merlin, es war die Zeit der Ritter, es war die Zeit von König Artus, es war eine Zeit voller Wunder.

In der Zeit von Avalon konnte eine große Transformation, ja es konnte eine große Revolution der menschlichen Liebe geschehen. Es konnte etwas aufbrechen und somit den Weg frei machen für die nachfolgenden tiefen Veränderungen, die notwendig waren, um Lady Gaia zu ermöglichen, ihren Weg nach Hause zu gehen.

Die Zeitqualität von Avalon erstreckte sich über einen sehr, sehr langen Zeitraum auf dem Planeten Erde. Viele unter euch erlebten viele Leben in dieser sehr intensiven Periode von Lady Gaia.

Große kosmische Transformationen konnten in der Zeit von Avalon dadurch geschehen, dass viele hohe Wesen bereit waren, sich in den Dienst der Liebe auf Erden zu stellen und mit ihrem ganzen Mut gewirkt haben.

„An Anasha", sage ich Dir.

Alle Facetten der menschlichen Emotionalität wurden in der Zeit von Avalon gelebt und so gab es neben dem Frieden auch viele Kämpfe und Kriege. Schon in Zeiten von Avalon existierten Freiheit und Unterdrückung und das Spiel der Dualität begann ihren weiteren Verlauf zu nehmen.

Doch worauf ich zu sprechen kommen möchte ist, dass du in dieser Zeit viele Gelöbnisse, Eide und Versprechen gegeben hast. Du wusstest um die Besonderheit dieser Zeitqualität und viele von euch hatten nur das eine große Ziel vor Augen. Ihr hattet das Ziel vor Augen, Lady Gaia zu ermöglichen, heim zu kommen. Selbstlos habt ihr in diesen Zeiten gewirkt, denn ihr wusstet, weshalb ihr gekommen ward.

Für dieses Ziel warst du bereit alles zu geben – du warst bereit, viele Entbehrungen auf dich zu nehmen und hast die starke Kraft, die hinter deiner Absicht lag, durch Gelöbnisse oder Eide besiegelt. Und da Magie ein sehr mächtiges Werkzeug ist und viele deiner abgelegten Eide und Gelöbnisse mit Hilfe hoch energetischer, magischer Rituale besiegelt wurden, wirkten sie in all deine nachfolgenden Inkarnationen hinein.

Aus keiner anderen Zeitdimension, die sich auf dem Planeten Erde gezeigt hat, haben dich deine Versprechen und Gelöbnisse so nachhaltig und kraftvoll beeinflusst, wie die aus deiner Zeit von Avalon.

Erzengel Michael möchte dir sagen, dass das Wirken der Magie aus den Bereichen der Wirklichkeit etwas anderes beinhaltet als das, was ihr auf Erden unter Zauberei versteht. Zauberei entspringt der Dualität. Sie basiert auf Illusion und die vermeintlichen Wunder werden durch Täuschung mindestens einer eurer Sinne hervorgebracht.

Doch was ich dir in diesem Kapitel als Geschenk überbringen möchte, ist die Auflösung deiner Gelöbnisse aus deiner Zeit von Avalon. In vielen von euch wirken diese starken Gelöbnisse in euer jetziges Leben hinein. Die Auflösung derselben wird für dich eine Befreiung bedeuten. Das Auflösen all deiner dich behindernden Gelöbnisse wird dich in eine neue Freiheit entlassen. Und vertraue Erzengel Michael, dass ich weiß, welche Gelöbnisse und Eide dich einengen und die wahre Kraft in dir unterdrücken.

Erlaube es dir, in die Tiefe deines Herzens zu gehen, spüre die Liebe von Avalon, spüre die Liebe der Hohepriester und Hohepriesterinnen, fühle die Liebe und die Weisheit von Merlin und spüre die Liebe und die Kraft von Erzengel Michael.

Erlaube es mir, mit meinem goldenen Schwert, welches dir unter dem Namen Exkalibur bekannt ist, die energetischen Bänder zu durchtrennen, die dir aus der Zeit von Avalon nicht mehr dienlich sind. Öffne all deine Kanäle und lass alles geschehen (Nimm dir einen kleinen Augenblick Zeit, du wirst spüren, wann es Zeit ist, weiterzulesen).

Und so ist es geschehen und dein Licht, welches du in dir trägst, konnte sich ausdehnen. Genieße die Freiheit in dir.

Erzengel Michael war es eine Freude und eine große Ehre, dir zu dienen. Du bist ein hohes Licht im menschlichen Körper. Du bist der Engel, der den Mut hatte, gegen alle Widerstände der Dualität, sein Licht auf Erden zu bringen.

Meine Liebe wird dich immer begleiten, denn ich bin ein Teil von dir. Und so ist die Zeit gekommen, mich von dir zu verabschieden.

Und während du das Buch in deinen Händen hältst, knien die Hohepriester und Hohepriesterinnen, knien Merlin und auch ich, Erzengel Michael, vor dir nieder, um das Licht, welches du in dir trägst, zu ehren und dir zu danken.

Erzengel Michael sagt aus den hohen Ebenen des Lichtes zu dir:

„Du wirst unermesslich geliebt."

An Anasha

Fragen und Antworten (Kryon)

Frage: Kryon, Seit ich „bewusst" auf meinem Weg bin, transformiere ich fast pausenlos alte Schattenenergien oder Karma. Manche haben mich ganz verlassen und manche kommen auch nach Jahren immer wieder, als ob ich in einem Hamsterrad gefangen wäre. Woran könnte das liegen? Das ist furchtbar frustrierend.

Antwort: Geliebte Freundin, das was du auf deinem Weg nach Hause erfährst, sind immer wieder Konfrontationen mit den Anteilen von dir, die sich durch deine Gedanken- und Gefühlswelt im Außen manifestieren. Man könnte sagen, dass sich dir deine innere Welt im Außen zeigt.

Verändern kannst du diese Situation dadurch, dass du bewusst beginnst, deine innere Welt durch das Verändern deiner Gedanken zu gestalten. Deiner Realität wird nichts anderes übrig bleiben, als dir diesen neuen Zustand im Außen zu präsentieren.

Und Kryon sagt dir: „Willkommen auf deiner neu erschaffenen Bühne des Lebens." Jeder für sich geht seinen Weg in seiner Zeit. Vieles, was dir begegnet, möchte nicht losgelassen, sondern vielmehr integriert werden. Erlaube es dir, Anteile und Ebenen von dir selbst, die du noch vor einiger Zeit entlassen wolltest, um dich weiter zu entwickeln, zu integrieren.

Gesegnet ist der Mensch, der erkennt, dass die Schatten, die er fürchtete, die vergessenen Anteile von ihm selber sind.

In tiefer Liebe zu Dir
Kryon

Frage: Immer noch habe ich Mühe mit meinen Bildern hinter den Bildern, ich erkenne erst spät und wenn überhaupt das Richtige, das Wesentliche. Wie ist es mit unserer Wahrnehmung, die sich immer mehr ausdehnt und ihrer Richtigkeit? Gibt es das, was wir zu sehen glauben?

Antwort: Es ist eine sehr interessante Frage, da in dir ein Glaubensmuster wirkt, das dir sagt, dass es etwas Falsches geben könnte, was du siehst. Und Kryon möchte dich fragen, was ist dann das Richtige und was ist, bzw. wäre das Falsche, das du siehst? Auf deinem Weg, dieses Glaubensmuster durch die göttliche Wirklichkeit sich immer mehr ersetzen zu lassen, werden dir immer wieder diese Zweifel begegnen. Da es keinen „richtigen" bzw. „falschen" Weg gibt, befindest du dich einzig und allein in einer gedanklichen Falle auf deinem Weg. Dir geht keine Zeit verloren bzw. du versäumst nichts auf deinem Weg. Du bist der Schöpfer, übernimm das Ruder und Erschaffe. Und da du der Schöpfer bist, wirst du das sehen, was du zu sehen glaubst. Da es keinen Zufall gibt, besteht für dich ein Grund, weshalb du dieses oder jenes genau so siehst oder wahrnimmst, wie du es tust. Vertraue der göttlichen Intelligenz und deinem Weg.

In tiefer Liebe zu Dir
Kryon

Frage: Wie wird es sein nach dem Erdenaufstieg in die lichteren Dimensionen? Wie können wir jetzt schon, wenn überhaupt herausfinden, wo wir sein werden? Gibt es verschiedene Arten der Stofflichkeit im Sinne von Dichte, ich meine das nicht wegen irgendeiner Bewertung, sondern rein vom Aussehen der Stofflichkeit. Kompliziert, etwas noch nie Gesehenes in Worte zu fassen (schmunzel), also gibt es Menschlichkeit in verschiedenen Dichten? Oder die Frage andersrum gestellt: Sehen wir Engel leibhaftig vor uns oder die anderen lichten Bewohner der Erde? Wäre es dann normal, Menschen und feinstoffliche Wesen und Engel zusammenzusehen?

Antwort: Du hast einen Teil der Beantwortung deiner Frage schon selbst in deiner Frage formuliert. Es ist schwer, etwas noch nie Gesehenes in Worte zu fassen. Und in der Tat ist es ein wenig schwierig, in der Begrenzung der menschlichen Sprache, aber auch in eurer Vorstellung, euch einen genauen Überblick zu geben von dem, was sein wird und was kommen wird. Denn selbst eure Vorstellungen gehen nur soweit, wie der Inhalt eures kollektiven Glaubensmusters es zulässt.

Doch soviel kann ich dir sagen, dass ihr viel stärker die unterschiedlichen Schwingungen der Menschen wahrnehmen werdet, als ihr es jetzt tut.

Aufgrund der sich verändernden und sich neu öffnenden Wahrnehmung werdet ihr in einem verstärkten Maße die feinstofflichen Felder erkennen und euer Handeln auf diese ausrichten. Ihr werdet Bewohner anderer Planeten sehen und sie werden mit euch in freundschaftlichen Verhandlungen stehen.

In tiefer Liebe zu Dir
Kryon

Frage: Was können wir sonst noch für den bequemsten Aufstieg für die Erde und ihre Mitbewohner tun und für Euch?

Ganz herzlichen Dank für diese tolle Möglichkeit, Fragen zu stellen. Allerliebste Grüße Caroline

Antwort: Geliebte Caroline, das Wichtigste für das menschliche Erwachen ist, du selbst zu sein. Dies bedeutet, dass du all deine Gefühle und Emotionen wahrnimmst und sie lernst auszudrücken. Nichts mehr zu verstecken, denn so kann das Potential eines jeden sich frei entwickeln, das jetzt noch gestaut in euch vorhanden ist.

Ihr habt Vorstellungen von dem, wie ihr sein solltet und Kryon möchte dir sagen, wirf all diese Vorstellungen über Bord und sei in jedem Augenblick aus deinem Herzen heraus du selbst.

Ich liebe dich
Kryon

Frage: Ihr Lieben! Seit einigen Jahren wird mein Körper durch Strahlungen attackiert. Durch einen schweren Unfall vor elf Jahren, vierzehn Tage Intensivstation und ein Dreivierteljahr im Rollstuhl habe ich mein Leben selbst in die Hand genommen und bin selbst nach der ersten Reiki-Einweihung hellsichtig geworden. Nun unterrichten wir Ärzte, Heilpraktiker, Therapeuten, Lehrer und Menschen aller Art zu heilen und zu sehen. Nur keiner kann mir bislang helfen, dass mein Körper mit den Mikrowellen, Radarwellen und all den anderen Strahlungen zurechtkommt. Und ich bin ja nicht die alleinige, deren Lymphe und Blut kocht und heiß wird! Bitte! Wie kann uns Menschen da geholfen werden?

Antwort: Meine geliebten Freunde, ich möchte euch danken für eure Arbeit und für euer Tun. Das, was du beschreibst, ist in der Tat eine Reaktion von so vielen Körpern hinsichtlich des Ausgesetztseins von künstlich erzeugten, elektromagnetischen Wellenmustern in eurer Realität.

Kryon möchte dir sagen, dass eure Körper in dieser Zeit immer mehr an Magnetismus aufnehmen werden. Magnetismus ist die Energie der neuen Zeit. Gleichzeitig ist dieser Magnetismus dafür verantwortlich, eure Körper vor den künstlich erzeugten elektromagnetischen Schwingungen zu schützen. Soweit es dir möglich ist, meide Bereiche in denen sich eine hohe Konzentration dieser Strahlung befindet.

Lade deinen Körper immer mehr mit magnetischer Energie auf und du wirst feststellen, dass dein Energiefeld immer stabiler gegenüber künstlich erzeugter Strahlung sein wird. Vertraue deiner Intuition und nimm die Geschenke der geistigen Welt an, die wir euch in Bezug auf den Schutz eurer Körper vor elektromagnetischer Strahlung geben.

Eure Wissenschaftler sind dabei, den Zusammenhang von Krankheiten und elektromagnetischer Strahlung zu erkennen und es werden in der Zukunft Maßnahmen getroffen werden, um diesem zu begegnen.

In tiefer Liebe
Kryon

Frage: Lieber Kryon, ich habe gehört, dass die Kennzeichnungen auf den Verpackungen unserer Lebensmittel schädlich sind. Insbesondere den Strichcode sollen wir durchstreichen und den grünen Punkt anders herum zeichnen, da er falsch schwingt. Kannst du aus deiner Sicht etwas dazu sagen?

Vielen Dank
Sabine

Antwort: Um diese Frage zu beantworten, muss ich ein wenig weiter ausholen, denn es hat mit euren Glaubensmustern zu tun, wie ihr glaubt, dass die euch umgebende Realität euch beeinflusst.

Innerhalb der Dualität, einer Realität der Illusion, habt ihr immer wieder Geschichten erschaffen, um am Spielball der Illusion zu bleiben und euch zu beschäftigen. Vieles, was euch als Menschen analysierend einleuchtend war, habt ihr als eure Wahrheit angenommen. Doch es besagt nicht, dass das, was nicht einer Analyse eures Verstandes standhält, falsch wäre.

Der Strichcode hat euch beschäftigt und ihr seid dafür bis in die Tiefen einer Verschwörungstheorie gegangen, um diese Erfindung als schädlich zu entlarven.

Mit dem grünen Punkt verhält es sich ähnlich. Er schadet euch nicht – doch du kannst diese Realität für dich leben, wenn du es möchtest. Kryon möchte dich fragen, was ist stärker: die angeblich energieentziehende Wirkung des grü-

nen Punktzeichens oder die heilende Schwingung der Farbe grün, die diesen Punkt ausfüllt?

Und wenn Energie entzogen werden sollte, was nicht der Fall ist, weshalb nehmt ihr an, dass der Nährmittelgehalt der Lebensmittel herabgesetzt wird? Kann es nicht ebenso gut möglich sein, dass Stoffe, die den Lebensmitteln künstlich hinzugefügt wurden – entzogen werden? Dann wäre es positiv und du bräuchtest nichts zu verändern. Du siehst, es ist ein Kopfkarussell, in dem ihr euch damit befindet.

Sei im Frieden mit dir und lasse dich lieben
Kryon

Frage: Kryon, ich fühle mich oft ausgelaugt und erschöpft in der Gegenwart anderer Menschen. Ist es in dieser Zeit noch wichtig, sich energetisch zu schützen und wenn ja, wie sollte man es am besten tun? Vielen Dank für deine Antwort.

Antwort: Kryon möchte dir die Frage beantworten, indem ich dich frage, ob du dich auch gegen das Gefühl des Hungers schützen möchtest oder gegen das Gefühl der körperlichen Ermüdung? Was hat diese Frage von Kryon mit der Beantwortung deiner Frage zu tun?

Abgesehen davon, dass es viele Faktoren gibt, die euch erschöpfen, sind in Bezug auf deine Frage andere Faktoren außer Acht zu lassen. Das, was du wahrnimmst ist nichts anderes als eine energetische Erschöpfung, die ganz normal ist und nach mehr oder weniger stressigen Stunden sich bemerkbar macht.

Es ist viel einfacher für dich, diesen normalen Zustand zu akzeptieren, so wie du nach einem langen Lauf auch akzeptierst, dass dein physischer Körper müde und hungrig ist.

Die körperliche Erschöpfung ist für euch ganz normal und verständlich, da ihr euch in der Vergangenheit mehr über euren Körper erfahren habt.

Keiner würde auf die Idee kommen, nach einem Marathonlauf mit hundert anderen Menschen, die anderen dafür verantwortlich zu machen, dass er erschöpft ist.

Doch bei einer energetischen Erschöpfung tut ihr dies – dies ist interessant. Es rückt immer mehr euer feinstofflicher Körper ins Blickfeld und ins Spürfeld eurer Wahrnehmung und es ist ungewohnt für euch. Es ist eine Ermüdungserscheinung deines feinstofflichen Feldes, die du wahrnimmst. So wie dein physischer Köper ermüdet, ermüdet auch dein feinstofflicher Körper – jedenfalls im Moment noch.

Doch es gibt nichts, weswegen du dich schützen müsstest. Oftmals glaubt ihr, dass andere Menschen euch Energie entziehen, dem ist nicht so. Es sind die Situationen mit den ihnen innewohnenden Energiespektren. Es sind die unterschiedlichen Schwingungsfrequenzen in euren Lichtkörpern bzw. in euren Auren die dafür verantwortlich sind und die Themen, mit denen ihr euch konfrontiert.

So ermüdet ein hoch schwingender Körper bei dem Sehen einer Dokumentation über Krieg und Gewalt schneller, als es ein weniger hoch schwingender Körper tut. Du kannst es vergleichen mit einem intensiven Laufen und einem bequemen Wandern. Der intensive Lauf erschöpft dich schneller und intensiver als das Wandern.

Sei dir deines Lichtes bewusst und lebe aus diesem heraus.

Ich umarme Dich
Kryon

Frage: Kryon, wann inkarniert Jesus wieder? Es wird immer wieder behauptet, dass Jesus inkarnieren soll – in einem gechannelten Buch habe ich gelesen, dass er 2005 inkarnieren sollte?

Antwort: Meine geliebte Schwester, auch dir möchte ich mit einer Frage antworten – aus welchem Grund sollte Jesus in dieser Zeit inkarnieren, da ein jeder von euch dabei ist, das Christusbewusstsein in sich selbst zu erfahren?

Die Essenz dieser Aussage liegt darin, dass es um das Erwachen des Christusbewusstseins in einem jeden Einzelnen von euch geht. Jesus Christus hat als Sohn das Christusbewusstsein auf die Erde gebracht und ihr werdet sein Erbe nun in euch erwachen lassen. Doch oft wird diese Tatsache so gedeutet, wie du sie in deiner Frage formuliert hast. Doch dem ist nicht so. Gib deine göttliche Kraft nicht ab. Die Erlösungs-

energie von Jesus Christus wirkt in einem jeden Menschen – du selbst bist dein Erlöser aus der Dualität.

Ich liebe Dich
Kryon

Frage: Kryon, ich stehe vor der Frage, welche Energieheilmethode sollte ich erlernen. Ich weiß es gibt so vieles und ich möchte die Methode erlernen, mit der ich den Menschen am meisten helfen kann. Kannst du dazu etwas sagen, zu Reiki, EMF Balancing Technik, Magnified Healing, Pranahealing.

Vielen Dank
Simone

Antwort: Ich möchte dir ganz persönlich sagen, bevor du all diese Techniken mit den wunderschönen Namen erlernst, sei da für dich. Beginne dich zu leben und mit dir in Frieden zu sein. Dann strahlst du das aus deinem Inneren heraus aus, was du eigentlich mit all den Techniken erreichen möchtest – Menschen im Herzen zu berühren und ihnen zu ermöglichen, die Liebe in sich selbst und in allem was ist, zu sehen. Sehe in allem die Liebe und du erreichst das mit deiner Anwesenheit und Präsenz, wofür du vorher verschiedene Techniken erlernen wolltest.

Ich liebe dich
Kryon

Frage: Kryon, welchen Körper habe ich, wenn ich nicht auf Lady Gaia inkarniert bin? Wie kann ich mir das Leben in der Wirklichkeit vorstellen? Ich danke dir für die Beantwortung.

Antwort: Du göttliches Kind – Kryon möchte dir, so gut es geht, in der Begrenzung der menschlichen Sprache antworten. Innerhalb der Wirklichkeit gibt es viele Lebensformen mit unterschiedlichen Körpern und unterschiedlichen Funktionsweisen. So ist dein äußeres Erscheinungsbild z.B. davon abhängig, auf welchem Planeten du dich inkarnierst. So wie euer physischer und eure feinstofflichen Körper in der Dualität aufgebaut sind und miteinander agieren, ist es einmalig im gesamten Universum. Keine zweite Lebensform trägt diese Struktur in ihrem Inneren. Euer Körper ist ein kleines Wunderwerk der Liebe.

Innerhalb der Wirklichkeit ist es dir unter anderem möglich, dein äußeres Erscheinungsbild zu variieren und es den sich verändernden Gegebenheiten anzupassen. Im Großen kann man sagen, dass eure Körper in der Wirklichkeit eine andere chemische Zusammensetzung durch die viel größere Aufnahme von Prana besitzen. So ist es dir möglich, deinen Körper zu dematerialisieren und als reines Licht dich zu bewegen und im nächsten Moment deine Energie zu verdichten und dir eine äußere Form zuzulegen.

Alles Wissen trägst du in dir. Es ist die Zeit gekommen, dich daran zu erinnern.

Meine Liebe ist immer mit dir
Kryon

Frage: Kryon, ich gehe oft zu Heilern und hellsichtigen Medien. Mir wird immer wieder gesagt, dass eine Seele an mir hängt und ich besetzt bin. Wie kann ich diese Besetzung dauerhaft und für immer lösen?

Antwort: Mein geliebter Freund, du bist ein hohes kosmisches Licht und du hast dich entschieden, deine Energie soweit herabzusetzen, dass du eintauchen konntest in die Dualität. Es entspricht der Wahrheit, dass in einer Zeit, als ihr in einer sehr niedrigen Schwingung euch befunden habt, es so etwas wie Fremdbesetzungen gegeben hat.

Doch geschah dies in einer Zeitqualität, die deiner Vergangenheit zugehörig ist. Ein jeder Mensch hat sich in seiner Schwingung soweit erhoben, dass es in deiner jetzigen Zeit (Oktober 2007) keine Fremdbesetzungen mehr gibt.

Vielmehr sind es die sich vereinenden und integrierenden Energien, die in euren Körpern sich bewegen und sich für viele ungewohnt anfühlen. Doch dies ist ein natürlicher Prozess eurer Höherentwicklung und keine Fremdbesetzung.

Sei im Frieden mit dir und wisse, dass es keine Fremdbesetzungen in der jetzigen Zeit mehr gibt.

Ich liebe dich
Kryon

Frage: Kryon, es wurde einmal gesagt, dass es nur neun Menschen auf der Erde gibt, die Kryon channeln können. Wie ist es zu vereinbaren, dass jetzt Kryonmedien wie Blumen aus der Erde sprießen? Für eine Beantwortung wäre ich dir sehr dankbar.

Antwort: Gesegnet ist der Mensch, der sich aus der Masse hervortut und bereit ist, Licht in das Dunkel zu bringen. Ich danke dir für deine Frage, denn die Beantwortung derselben bringt Licht in Bereiche des Universums, die darauf warten, transformiert zu werden.

Und so möchte ich dir sagen, dass diese Aussage in einer Zeit getroffen wurde, in der ihr Inhalt der absoluten Wirklichkeit entsprach. Ich weiß, dass es zu heftigen Diskussionen gekommen ist, als Menschen begannen, die Energie von Kryon zu channeln. Und ich danke allen Medien, die sich trotz heftiger Widerstände nicht beirren ließen und ihrem Herzen vertrauten und die Botschaften von Kryon überbrachten. An Anasha.

Doch so wie das Leben eine stete Veränderung erfährt, hat auch diese in der Vergangenheit getroffene Aussage, eine Veränderung erfahren und muss nun ergänzend erweitert werden.

In der Zeit dieser Aussage gab es neun Menschen, die die Energie von Kryon channeln konnten. Bei vielen anderen Menschen war das Potential dafür vorhanden und es war ungewiss, ob dieses Potential sich entfalten konnte.

Das, was ihr heute beobachten könnt, dass immer mehr Menschen die Energie von Kryon channeln, ist Ausdruck der Entfaltung all dieser Potentiale. Und wie immer bitte ich einen jeden Einzelnen von euch, fühlt euer Herz wie es sich anfühlt, wenn ihr einem Menschen gegenübersitzt, der von sich behauptet, Kryon zu channeln.

Die Liebe lässt sich nicht limitieren.
Kryon

Die nachfolgenden Geschichten wurden mir von Meister Lao Tse, Thot und Kryon gegeben. Ich finde sie sehr schön und möchte sie dir hier vorstellen.

Für mich eher untypisch, schrieb ich die Geschichten in Rohform nicht an meinem heimischen Computer, sondern unterwegs.

Ich kann mich noch an die Entstehung der Geschichte „Melanie träumt“ erinnern. Ich saß in einem Cafe und genoss das Tiramisu und den Cappuccino und wollte gehen, als es heftig zu regnen begann.

Also bestellte ich mir noch einen Cappuccino und plötzlich kam diese Geschichte zu mir in meine Gedanken und ich schrieb sie auf.

Ich wünsche dir viel Freude.
Nama Ba Hal

Melanie träumt

Melanie war dabei zu schlafen. Wie lange sie schon schlief, weiß sie nicht. Wer weiß schon, wann er einschläft? Und so dauerte es nicht lange und sie begann zu träumen.

Melanie träumte von einer Welt, in der es bunt war, in der die Farben anders aussahen als so, wie sie sie kannte. Die Menschen sahen anders aus als sie selbst und sie benahmen sich auch anders. Viele Menschen zeigten nicht das, was sie fühlten, sie schienen ihre Gefühle zu kontrollieren, anderen lief das Wasser in kleinen Tropfen aus den Augen und sie waren bemüht, dass keiner es merkte und wieder andere redeten sehr schnell und hektisch, als liefe ihnen die Zeit davon und das runde Ding am oberen Ende ihres Körpers, genannt Kopf, wurde dabei ganz rot. Melanie fand es faszinierend, so viel Unterschiedlichkeit sowohl im Äußeren wie auch im Inneren zu sehen.

Es gab Menschen, die waren klein, andere dick, andere dünn und wiederum andere waren größer als der Rest. Und erstaunlich war, dass ein jeder, so wie er aussah, mit sich selbst nicht zufrieden war, ja sich selber anscheinend nicht einmal lieben konnte. Es war wirklich eine faszinierende Welt.

Sie ging in ihrem Traum von einer Szene zur nächsten und sie begann zu fühlen – ja, sie fühlte in ihrem Traum, was in den anderen vorging. Sie war überwältigt. Melanie fühlte in jedem Menschen so unendlich viel Liebe, doch jeder einzelne Mensch schien sich dieser Liebe in seinem Inneren nicht bewusst zu sein. Und scheinbar sah es so aus, als ob jeder das erschaffen kann, was er will – so sah es jedenfalls Melanie in ihrem Traum – doch die Menschen, die sie traf, schienen davon nichts zu wissen, ja sie schienen gar nicht zu spüren, wer sie wirklich sind.

Melanie sprach mit den Menschen, doch aus irgendeinem Grund konnten sie Melanie nicht hören und was sie auch versuchte, ihre Worte wurden nicht gehört. Und jetzt verstand sie auch die vielen heftigen Diskussionen, die zwei oder mehrere Menschen miteinander hatten und diese Kugel am oberen Körperende immer rot werden ließ – diese Diskussionen entstanden deshalb, weil niemand wusste, dass jeder Schöpfer seines Lebens ist und aus diesem Grund andere dafür verantwortlich machte, wenn etwas nicht so lief, wie er es sich vorgestellt hatte. Ein interessantes Spiel.

Melanie verstand plötzlich, dass ein jeder Mensch in ihrem Traum eine gänzlich andere Wahrnehmung hatte als sie. Die Menschen schienen so vieles einfach nicht zu sehen bzw. zu fühlen. Was ist das für eine Welt – so voller Möglichkeiten, um zu spielen, denn genau dies empfand Melanie, beim Anblick all der Situationen. Es war ein gigantisch ausgeklügeltes Spiel der Illusionen. Einfach wundervoll.

Wer, wenn nicht Gott, konnte so eine Umgebung erschaffen – und im selben Moment spürte sie die Liebe und Gegenwart, die Geborgenheit des Vaters – des Schöpfers von allem, was ist. Und Tränen der Freude, Tränen der Rührung und des Mitgefühls für all ihre Geschwister liefen ihr über die Wangen. Denn sie konnte in ihrem Traum fühlen, wie schwer und wie schmerzlich es ist zu vergessen, wer man wirklich ist – und wie beschwerlich der Weg ist, wieder das zu werden, was man wirklich ist.

Sie ging in ihrem Traum weiter zu einer Szene, in der sie überwältigt wurde von Liebe, Geborgenheit und Frieden. Sie sah die Geburt eines Kindes. So friedvoll und voller Liebe. Dies schien ein Moment zu sein, indem alle Anwesenden glücklich waren. Und Melanie sah das Neugeborene an und fragte es dann: „Du siehst so friedlich aus, voller Liebe und innerem Frieden – bist du anders als die anderen?" Da öffnete das Neugeborene für einen Moment seine Augen – blickte Melanie voller Liebe und Dankbarkeit an und sagte dann zu ihr: „Nein, ich bin nicht anders – doch ich beginne erst jetzt meine Reise als Mensch – und ich freue mich darauf."

Als Melanie aufwachte war sie nicht allein. Eine Schar von Engeln hatte sich um sie versammelt und sie sagten: „Wir wissen, was du geträumt hast – du träumtest von der Erde." Melanie sah sie an und fühlte die unendliche Liebe, das Mitgefühl und die Freude ihrer Familie und sie sagte: „Ich bin bereit, als Mensch zu inkarnieren und für eine bestimmte Zeit zu vergessen, wer ich wirklich bin. Ich möchte alles erleben, dort auf diesem wunderschönen Planeten mit dem Namen Erde. Und wenn die Zeit gekommen ist, dann kommt und erinnert mich daran, wer ich wirklich bin, damit ich aus meinem Schlaf erwachen und nach Hause zurückkehren kann."

Und so begann der kosmische Engel Melanie einzutauchen in eine Welt voller Illusionen, damit sie ihre faszinierende Reise als Mensch beginnen konnte. Die Engel an ihrer Seite wussten, dass eine Zeit kommen würde, in der Melanie sie nicht mehr wahrnehmen würde und sich nicht daran erinnern würde, wer sie wirklich ist. Und sie umgaben Melanie mit all ihrer Liebe, mit der Energie von zu Hause und in diesem Moment liefen den hohen kosmischen Engeln Tränen des Mitgefühls über ihre Wangen und sie flüsterten Melanie ins Ohr:

„Wir begleiten dich auf deiner menschlichen Reise,
du bist niemals allein..."

Eine Geschichte der Stille

Melanie saß vor einer Gruppe von Menschen. Einige kannte sie – andere sah sie heute zum ersten Mal. Seit einiger Zeit traf sich Melanie mit Menschen, um mit ihnen in der Stille zusammenzusein. Sie sagten manchmal minutenlang kein Wort. Einige schlossen dabei ihre Augen, anderen wiederum fiel es sichtlich schwer, in dieser Stille und Wortlosigkeit zu verweilen.

Doch jedes Mal breitete sich ein Gefühl von Einssein aus. Ein Gefühl von Freude und von Leichtigkeit. Auch wenn keine Worte gesprochen wurden oder gerade deshalb, war die Präsenz der Liebe sehr stark zu spüren. In diesem Gefühl der Liebe hatte man das Empfinden, als ob die Schwere und Enge des Alltags von einem fiel.

Hin und wieder traten Fragen auf, die Anwesende Melanie stellen konnten und sie beantwortete ihnen die Fragen mit unendlicher Liebe und zeigte ihnen in deren Beantwortung die Einfachheit von allem, was ist, auf.

Oftmals schauten sie sich einander nur in die Augen und es war fast so, als ob in diesen Augenblicken, das Universum sich selbst in seiner eigenen Tiefe begegnete.

An diesem Abend stellte ein Mann, dem es schwer fiel, in dieser Stille zu sein, eine Frage an Melanie: „Kannst du uns sagen, wie du zu dem gekommen bist, was du jetzt tust? – dich mit Menschen zu treffen und nicht wirklich mit ihnen zu reden? Was soll das bringen? Was hat das für einen Sinn?"

Melanie schaute ihn an und begann seine Fragen zu beantworten: „Als Kind habe ich nach Antworten auf viele Fragen gesucht, die ich in mir hatte. Ich fragte meine Eltern, meine Lehrer, meine Verwandten. Doch keiner konnte mir eine Antwort geben, mit der ich den inneren Frieden in mir fühlen konnte, der mir zeigte, ja dies ist die Wahrheit. Denn ich fühlte schon als Kind sehr genau, wann eine Antwort wahr ist oder wann sie nur eine Begrenzung – ein Erklärungsversuch beinhaltete.

So kam es, dass ich zu meinem elften Geburtstag eine Blume, eine wunderschöne Rose geschenkt bekam. Ich verliebte mich sofort in diese Rose. Sie war einfach wunderschön für mich. So stark in ihrem Ausdruck der Farben, ihres Duftes ihrer Ruhe und Stille. Ich begann zu dieser Rose eine bis dahin für mich nicht gekannte Beziehung aufzubauen. Ich fing an, mich mit der Rose zu unterhalten.

Ich sprach zuerst in Form von Worten zu ihr und bald bemerkte ich, dass sie begann, mir auf meine Worte zu antworten in einer Sprache, die ich fühlen konnte, eine Sprache der Verbundenheit, der Liebe. Bald brauchte ich keine Worte mehr, um mich mit meiner Rose zu unterhalten. Wir verstanden uns ohne Worte. Sie wusste genau, wie es mir geht und an was ich dachte. Sie nahm alles wahr. Ich konnte es kaum erwarten, aus der Schule nach Hause zu kommen, um bei meiner Rose zu sein.

Jeden Abend wenn ich zu Bett ging, sagte ich zu ihr, ich möchte so sein wie du. Voller Wissen, Stille, Schönheit, Anmut und Verstehen. In dieser Zeit, in der die Rose bei mir war, es waren immerhin vierzehn Tage, geschah so vieles mit mir. Ich lernte vieles anders zu sehen, ich war einfach glücklich jeden Tag.

Ich war ein Mädchen von elf Jahren und trug ein Geschenk in mir, das bis zum heutigen Tage geblieben ist. Das Geschenk der Stille. Ich begriff, dass Gott in vielen Formen in unser Leben tritt, um nah bei dem Aspekt von sich selbst zu sein, der noch schlafend ist.

Das, was mir die Menschen mit der Sprache nicht erklären konnten, erklärte mir meine Rose ohne Worte – in der Sprache der Liebe.

Und so sitze ich heute mit euch in der Stille, um euch dieses Geschenk, welches ich erhalten habe, an euch weiterzugeben und mit euch zu teilen. Manchmal fühle ich mich wie die Rose, wenn ich vor euch sitze. Ohne Worte, in der Sprache der Liebe mit euch kommunizierend.

Und glaube mir, es findet eine sehr intensive Kommunikation in diesem Augenblick in der Sprache der Liebe statt. Doch ist es so, als ob du eine Fremdsprache erlernst. Du musst dich erst an sie gewöhnen, du musst Vokabeln lernen und dich an ihre Intonation gewöhnen. Und so verhält es sich mit der Sprache der Liebe. Du musst dich erst wieder an sie erinnern."

Melanie schaute dem Mann in die Augen und sah, dass er sichtlich ergriffen war. Er versuchte die Tränen, die begannen über seine Wangen zu laufen, zu verbergen. Und alle Anwesenden sahen voller Ergriffenheit die Rose an, die neben Melanie in einer Vase stand und ohne Worte und Erwartungen ihre Schönheit, ihre Liebe und ihren Duft mit allen teilte.

An Anasha

Geschichte einer Einweihung, einer göttlichen Initiation

Samael stand vor einer Wand, besser gesagt er fühlte, dass er vor einer Wand stand, denn der Raum, in dem er sich befand, war komplett in Dunkelheit gehüllt. Es war eine natürliche Dunkelheit, denn die Strahlen der Sonne konnten diesen Raum nicht mehr erhellen. Dieser Raum befand sich viele hundert Meter im Inneren der Erde. Er befand sich in der großen Pyramide von Gizeh. Samael wusste, dass es ein Weg war, der nur ein Vorwärts zuließ und kein Zurück. Er konnte trotz der Dunkelheit fühlen, dass er sich nicht alleine in diesem Raum befand. Es war die letzte Aufgabe von vielen Aufgaben, die Samael in den letzten Jahren zu bewältigen hatte. Er stand kurz vor dem Ziel. Was genau geschehen würde, wenn er diese letzte Aufgabe bewältigen würde, wusste Samael selbst nicht genau, doch er spürte, etwas noch nie Dagewesenes würde geschehen.

Sein Lehrer, der ihn über alles liebte und der ihm schon so viel von dem Wissen der alten Götter beigebracht hatte – der ihm von all den Zusammenhängen der Erde und des Universums erzählte, war immer in seiner Nähe. Auch wenn Samael ihn nicht sehen konnte, wusste er, dass er ihn nie aus den Augen ließ. Viele Menschen sind vor Samael diesen Weg gegangen – einen Weg, der das Wissen der absoluten Gött-

lichkeit in jedem erwachen ließ. Und sein Lehrer, den er über alles liebte, begleitete einen jeden Einzelnen von ihnen. Noch nie in einer schwierigen Situation hatte sein Lehrer ihn allein gelassen. Samael musste den Weg alleine finden und nur im Notfall würde sein Lehrer ins Geschehen eingreifen.

Alles ging Samael durch den Kopf, alles, was er in den letzten Jahren gelernt hatte und was ihm sein Lehrer beigebracht hatte – welche Information aus dem umfangreichen Wissen benötigte er jetzt, um die letzte Aufgabe zu bewältigen? In all diesen Gedanken mischten sich Erinnerungen an Situationen der zurückliegenden Jahre ein. Sein Lehrer war streng und gleichzeitig voller Liebe und Mitgefühl – erfüllt von tiefem Frieden, einem grenzenlosen Wissen und einer inneren Stärke, wie Samael es nur bei sehr wenigen Menschen gesehen hatte. Tränen liefen ihm über seine Wangen, denn er wusste, dass die liebevollen Augen seines Lehrers in diesem Augenblick auf ihn gerichtet waren und zu ihm sagten: „Samael, erinnere dich."

Und Samael erinnerte sich und so konnte er die letzte Aufgabe lösen und die Wand, vor der er stand, begann sich zu erhellen und immer durchlässiger zu werden. Er hatte es geschafft.

Toth, sein Lehrer, stand auf der anderen Seite der Wand und lächelte ihm zu – er hielt seine ausgestreckten Arme ihm entgegen und hieß ihn willkommen in der großen Halle der Erleuchtung. Samael musste vor Freude und Dankbarkeit weinen und Toth hielt ihn die ganze Zeit im Arm. „Du hast es geschafft", flüsterte Toth ihm in sein Ohr.

Nun sah er auch die anderen Wesen, die sich in der Halle versammelt hatten und ihn willkommen hießen. Er erkannte viele Engel unter ihnen: Erzengel Michael, Sanat Kumara, Kryon und viele andere. Eine große Ehrung wurde Samael zuteil.

Toth trat ein paar Schritte zurück und gemeinsam mit den anderen hohen kosmischen Wesen, begann er Samaels Namen zu singen. Nicht den Namen, den er kannte und mit dem ihn jeder ansprach – nein, es war ein Name, der in Samael eine Erinnerung wachrief – es war der Name seiner Seele, der Name seines Ursprungs.

Samaels ganzer Körper vibrierte, als die Schwingung seines hohen Selbst in ihn einzufließen begann. Samael begann zu erwachen. Ein Frieden breitete sich in ihm aus und alles wurde still in ihm. Neunmal wurde er bei seinem Namen gerufen und Toth sah ihm in die Augen und sprach: „Du trägst das Wissen von allem was ist, in dir – das Wissen der alten Götter ist in Schwingungen in dir verankert worden."

Es wird eine Zeit kommen, in der du vollkommen vergessen wirst, was du wirklich bist und wir werden dich erneut rufen – wir werden dich bei deinem Namen rufen und du wirst wissen, was zu tun ist. Du wirst wissen, dass es an der Zeit ist, all dein Wissen, das dann beginnen wird, aus deinem Herzen in dir emporzusteigen, an die Menschen weiterzugeben und du wirst beginnen, dich daran zu erinnern, was du wirklich bist.

Du bist Träger des Lichtes, bestehend aus reiner Liebesenergie. Dies ist die einzige Wahrheit die es gibt, die es jemals gegeben hat und die es jemals geben wird. So wie du ist diese Wahrheit ewiglich.

Du trägst das Wissen der alten Götter in die neue Zeit hinüber. Du bist ein Pionier des Lichtes – ein Wegbereiter der neuen Zeit. Und so wie du werden tausende Menschen das Wissen hinübertragen.

Und Samael antwortete: „An Anasha, Toth. Ich werde das Wissen der alten Götter hüten und wenn die Zeit gekommen ist, werde ich es an die Menschen weitergeben."

Und er hörte aus weiter Ferne wie das „An Anasha" von Toth und den anderen Wesen, die sich mit ihm in der großen Halle versammelt hatten, erwidert wurde.

Toth sprach zu ihm: „Samael, die Zeit ist gekommen – die Zeit ist jetzt und so wie du das Wissen in dir trägst, tragen es viele tausend Menschen in sich und sind sich dessen nicht bewusst. Sie brauchen einen Anstoß, um sich zu erinnern. Denn ihr seid diesen Weg gegangen, um das Wissen hinüberzubringen in die neue Zeit. So wie wir dich rufen, werden wir jeden Einzelnen rufen, um das Bewusstsein der absoluten Göttlichkeit in einem jeden wieder erwachen zu lassen."

Samael wurde gerüttelt und hörte eine Frauenstimme, die zu ihm sprach: „Thomas wach auf, wir sind spät dran und müssen uns beeilen, wenn dein Vortrag über Atlantis pünktlich beginnen soll. Sie schaute ihm in die Augen und fragte: ‚Hast du noch Bedenken, den Menschen von Atlantis zu erzählen?'"

Thomas sah seiner Frau in die Augen und konnte es kaum glauben, was er eben geträumt hatte. Tränen liefen ihm über sein Gesicht und er empfand tiefe Dankbarkeit. Er küsste seine Frau und sagte: „Lass uns gehen und ich werde den Menschen alles erzählen, was ich weiß."

Und leise fügte er hinzu:
„An Anasha,
Toth."

Auf den nachfolgenden Seiten möchte ich dir ausgewählte Channelings vorstellen, die ich in der Zeit zwischen 2005 und 2007 gegeben habe.

Da diese Channelings nicht auf aktuelle Themen eingehen, kannst du sie immer wieder lesen und fühlen.

Lass dich einfach von den Worten und den Schwingungen der Liebe tragen und fühle das, was nicht zu beschreiben ist.

Viel Spaß
Nama Ba Hal

Fühlen deines kosmischen Namens (Kryon)

Geliebter Lichtarbeiter, ich bin Kryon vom magnetischen Dienst und grüße dich mit all der Liebe die mein Sein beinhaltet und rufe dich in diesem Augenblick bei deinem Namen.

Ich rufe dich bei deinem kosmischen Namen, der bestehend aus Farben, Tönen, Klängen und Lichtmustern, die Ursprungsenergie deiner Seele zum Ausdruck bringt. Diese Lichtmuster, getragen von der allumfassenden Liebesenergie des Seins, bewegen sich vibrierend und zirkulierend durch deinen Lichtkörper hindurch.

In diesem Moment, lasse ich die Schwingung deines kosmischen Namens mit all seinen Attributen direkt in deinen Lichtkörper einströmen. Ich weiß wer du bist und ich kenne dich bei deinem wahren Namen.

Erlaube deiner Essenz sich immer weiter in deinem Herzen auszudehnen und spüre die Unbegrenztheit deines wahren Seins.

Und je mehr du beginnst dich auszudehnen, desto näher kommst du der Wirklichkeit. Der Wirklichkeit der Liebe, der Wirklichkeit, die unbeeinflusst von menschlichen Gedanken ewiglich ist. Es ist der Bereich, aus dem heraus deine Seele erschaffen wurde.

Schließe für einen Moment deine Augen und spüre dein Herz, spüre das Ausdehnen des Lichtes in dir, wie es beginnt zu vibrieren und wie es dich zirkulierend mit den Schwingungen deines Namens umfließt.

So lange hast du darauf gewartet, wieder vereint zu sein mit den lichten Bereichen der Wirklichkeit. So viel warst du bereit zu ertragen und jetzt bist du dabei, die letzten Schritte zu dir selbst zu gehen um endgültig zu erwachen.

Auf diesem Weg spüren immer mehr Menschen, dass es ruhig wird in ihnen, dass es still wird und manche verspüren eine Leere. Diese Leere entsteht, wenn all das, was in der Vergangenheit dein Dasein rechtfertigte, nun im Begriff ist zu gehen.

Du bist dabei zu dem zu werden, was du in deinem Inneren schon immer warst. Du beginnst in deiner menschlichen Form deine vollkommene Göttlichkeit zu entdecken und zu leben. Diese Veränderung bedeutet, viele Vorstellungen zu entlassen. Vorstellungen in allen Bereichen deines Lebens.

Sehr stark werdet ihr konfrontiert mit Vorstellungen und Überzeugungen im Bereich der menschlichen Liebe. Denn in keinem anderen Bereich habt ihr euch so eingeengt und begrenzt wie in dem Bereich der menschlichen Liebe.

Ihr ward bereit, euch einzuengen, um den anderen zu gefallen und um geliebt zu werden. Ihr wolltet nicht verlassen werden. Ihr habt euch manchmal sogar selber aufgegeben, um die Liebe eines anderen Menschen nicht zu verlieren.

Doch nun beginnt die Liebe in dir zu erwachen und sich auszudehnen. Und das bewirkt ein Überdenken all deiner bisherigen Überzeugungen und Vorstellungen innerhalb einer Illusion, die als Dualität bezeichnet wird.

Die Herausforderung besteht darin, diesem neuen Bewusstsein, das beginnt in dir zu erwachen, den Raum zu geben, dich führen zu dürfen.

Lasse den Keim der Liebe in dir erblühen. Und dieser Keim in dir, er kann am schnellsten sich entfalten und erblühen, wenn du ihn nur mit deiner Liebe nährst. Wenn du dies tust, wirst du sehen, dass er den Weg ins Licht von ganz alleine findet. Vertraue deinem inneren Wissen.

Und ich, Kryon, verabschiede mich von dir und lasse weiterhin die Schwingung deines kosmischen Namens zu dir fließen.

Kryon

Wenn ein Herz singt (Kuthumi)

Wenn ein Herz in der Schwingung der Liebe singt, dann zieht es die anderen Herzen um sich herum in diese Schwingung der Freude und des Erwachens mit hinein.

Seid gegrüßt meine lieben Freunde, ich bin Kuthumi.

Viele von euch kennen diese Schwingung der Freude und der Leichtigkeit, die Kuthumis Präsenz mit sich bringt. Kuthumi möchte dein Herz öffnen mit den kraftvollen goldgelben Strahlen der Leichtigkeit und der Freude.

Komm für einen Moment weg von deinem Grübeln, deinem Überlegen – deinem dir Sorgen machen.

Einige werden diese Aufforderung als eine echte Herausforderung verstehen – und so soll es sein.

Kuthumi möchte dich herausfordern, all deine begrenzenden Muster und selbst gebauten Konstrukte wegzulegen und nur du selbst zu sein, ohne irgendwelche Vorstellungen von diesem Moment oder dieser Zeit.

Lass all deine Geschichten und Dramen, die du so sehr liebst und die dir so lieb geworden sind, für einen Moment beiseite und erfahre die unendliche Weite des Augenblicks.

Wie nimmst du dich wahr ohne deine Dramen, ohne deine Geschichten? Stehst du dann nackt da? Wird das Leben dann vielleicht langweilig oder sogar leer werden?

Kuthumi möchte dir antworten und dies in aller Klarheit und mit all der Liebe, die uns miteinander verbindet.

In der Vergangenheit waren Dramen für dich da und ihr habt sie gemeinsam oder einzeln erzeugt, um einen „Motor" für euer Vorwärtskommen zu haben. Aber auch um ein „Alibi" zu haben, weshalb ihr diese oder jenen Dinge tut oder andere Dinge unterlasst. Sie gaben euch einen Inhalt, auf derer ihr dann eure Entscheidungen getroffen habt.

Dramen beinhalten immer eine Geschichte, entsprungen aus dem menschlichen Verstand, um Situationen für euch erklärbar zu machen oder aber um Situationen sich entstehen zu lassen, sich fügen zu lassen.

Eure gesamte menschliche Entwicklung ist ein „Drama". Verstehst du, was ich damit sagen will? Es ist eine Geschichte, die ein jeder von euch durch sein eigenes entworfenes Drama belebt und vorangetrieben hat.

Genug dieser hirnlastigen Ausführungen.

Kuthumi, der Meister des Lichtes, möchte dir nun auf einer anderen, für euch neuen Ebene der Wahrnehmung begegnen. Einer Ebene, die keine erschaffenen Geschichten in Form von Dramen benötigt, um zu existieren. Liebe.

„Lass dich lieben. Lass dir danken. Lass dich ehren."

Ich, Kuthumi, liebe dich mit dem ganzen Aspekt meines göttlichen Seins, meiner Freude und meiner Dankbarkeit. In diesen Momenten umhüllt dich eine Frequenz der Leichtigkeit und Freude.

Es ist nicht wichtig, was war oder was kommen wird. Einzig der Augenblick in dem der Engel, der du bist, sich erfährt, ist der Moment, in dem du die Entwicklung von der Raupe hin zu einem wundervollen bunten Schmetterling erfahren kannst.

Und Kuthumi sagt dir – nutze deine Flügel, du wunderschöner Schmetterling und flieg über die Grenzen deiner Begrenzungen hinaus direkt in die Tiefe deines Herzens hinein – ich werde dich begleiten.

In tiefer Liebe verneige ich mich vor dir.
Kuthumi

Liebesenergieübertragung (Sananda)

Aus den Bereichen der Wirklichkeit, aus der Quelle des Seins heraus, begrüßt dich Lord Sananda, Jesus der Christus.

In diesem Augenblick öffnet sich das Tor der Wirklichkeit, der Schleier des Vergessens wird beiseite gezogen und die Dimensionen beginnen sich zu verschieben, sodass dich meine Liebe stärker in deinem Herzen erreichen kann. Sie beginnt spiralförmig in dein Herz zu fließen.

Ich spreche zu dir in deiner Zeit, egal wann du diese Worte liest, kannst du dir sicher sein, dass ich, Jesus der Christus, mit meiner Liebe und mit meinem Sein anwesend bin. Ich stehe hinter dir und halte meine kosmische Hand über dein Haupt. Du kannst den sanften Druck meiner kosmischen Hände fühlen.

Die feinen Schwingungen des Christusbewusstseins beginnen sich durch deinen Lichtkörper zu bewegen. Immer stärker können sich die Wellen der Liebe in deinem Lichtkörper ausdehnen und zu dir gebracht werden.

Es kann sein, dass du in dem Bereich deines Kronenchakras Wärme verspürst oder es dir etwas schwindlig wird.

Ich weiß, wie wichtig euch Worte sind, die ihr mit eurem Verstand begreifen könnt, wie wichtig Botschaften sind, damit euer Verstand etwas hat, um sich beschäftigen zu können.

Doch heute werde ich, Lord Sananda, Jesus der Christus, eine Übertragung der Liebesenergie vornehmen. Denn mehr als jedes Wort bringt dich die Schwingung der Liebe in dein Erwachen. Keine Worte würden ausreichen, um dir mitzuteilen, was nun geschieht.

Deshalb bitte ich dich, nehme dir einen Moment Zeit und lass die Übertragung der Liebesenergie beginnen und öffne dich in deinem Herzen, soweit es dir möglich ist.

Die Übertragung wird nun beginnen (Fühle für einen Moment).

Die Schwingung des Christusbewusstseins hat sich in dir ausgeweitet und dich ausgeglichen. Frieden und Geborgenheit wurden dir überbracht.

Ich Lord Sananda, Jesus der Christus verabschiede mich von dir und sage:

„Alles, was du im Außen suchst, ist bereits in dir."

Meine Liebe für dich ist unermesslich tief.

Lord Sananda,
Jesus der Christus

Die Melodie deines Herzens (Kryon)

Mit den Worten OMAR TA SATT, begrüßt dich Kryon aus den Bereichen der Wirklichkeit heraus. Diese Worte zu Dir gesprochen, beginnen in diesem Moment in deinen Lichtkörper zu fließen und dort wie feine Wellen, die entstehen, wenn ein Stein ins Wasser geworfen wird, sich durch dich hindurchzubewegen.

Auch wenn du diese Worte nicht bewusst erkennst, so erkennt doch deine Seele diese Schwingung der Liebe und aus deinem Inneren heraus erwiderst du die Worte OMAR TA SATT. Kryon kann es sehen.

Immer tiefer vollzieht sich das individuelle und das kollektive Erwachen. Immer tiefer setzt sich die Schwingung der Liebe in jedem Einzelnen von euch wie eine Spirale fort. Die magnetische Energie beginnt dich zu erfüllen.

So wie in diesem Augenblick die magnetische Liebesenergie von Kryon spiralförmig durch dich hindurchfließt und sich in deinem Herzen ausbreitet und dich weit und offen macht, wird die alles beinhaltende Liebe sich in einem jeden Menschen ausdehnen.

Ein jeder von euch geht mit dieser Veränderung unterschiedlich um. Viele Menschen schlafen noch und so wissen sie nichts von der Liebe, die jenseits des menschlichen Verstehens euch immer stärker beschäftigt. Diese Liebe, die frei ist von Erwartungen und Vorstellungen, ja eine Liebe, die keine Bestätigung mehr braucht.

Eine Liebe, die mit sich selbst und durch sich selbst immer wieder jeden Augenblick in dem vollkommenen Bewusstsein begrüßt, das alles ist, so wie es ist. Eine Liebe, die den Moment und den Augenblick, den du erlebst, nicht berichtigen will, ja nicht einmal danach sucht, weshalb er entstanden ist.

Eine Liebe, die annehmen kann und den aus sich heraus erschaffenen Körper ohne Bedingungen lieben kann. All diese Veränderungen bringen viele Menschen in innere Konflikte, denn vieles, was sie in der Vergangenheit als ihre Basis für das Verstehen der zwischenmenschlichen und auch globalen Zusammenhänge angesehen haben, ist dabei sich aufzulösen.

Ihre Ideale beginnen ihnen wegzuschwimmen – ihre gesamten, auf ein dualistisches Weltbild aufgebauten Vorstellungen, hören auf zu existieren. Menschliche Gesetzmäßigkeiten unterliegen in dieser Zeit einer Veränderung in der Form, als das die in ihnen zugrunde liegende Illusion, durch die kosmische Wirklichkeit ersetzt wird und somit ein anderes Verständnis von allem was ist, entstehen kann.

Dieser Veränderung und inneren Wahrnehmung zu vertrauen ist eine der größten Herausforderungen, der sich die Menschheit in dieser Zeit gegenüber sieht. Die Herausfor-

derung besteht darin, jede Situation so zu sehen, wie sie ist – ohne Geschichten hinzuzufügen oder daraus zu machen. Denn so oft wollen Menschen das in Ordnung bringen, was in seiner Essenz in Ordnung ist.

Kryon möchte Dir sagen, dass das Leichteste und Einfachste während dieser Veränderung ist, dich immer wieder neu zu öffnen für die Botschaften der neuen Zeit. Sie werden dich führen auf deinem neuen Weg.

Folge diesem sanften Ruf deiner Seele und deines Herzens, der dir sagt, dass jede Situation ist, wie sie ist. Nimm dir Zeit, diesen süßen Klang in dir wahrzunehmen und höre, was er dir noch zu erzählen hat.

Kryon wird die Melodie, die in deinem Herzen schwingt, in diesem Augenblick erhöhen und nimm dir Zeit, die Melodie deines Herzens zu fühlen.

Ich liebe dich,
aus der Tiefe meines Herzens, bedingungslos.

Kryon

Atlantische Energie (Toth)

Meine geliebten Freunde, Wegbereiter der neuen Zeit, Träger des atlantischen Bewusstseins, ich bin Toth und begrüße dich mit dem vollkommenen Ausdruck der absoluten Liebe und bringe die Schwingung der Worte OMAR TA SATT zu dir.

Gleichzeitig wirst du beginnen, die kraftvolle atlantische Energie zu spüren, die Toth zu dir fließen lässt.

Einige Zeit ist vergangen, als Toth in einem menschlichen Körper vor dir stand und dich durch deinen Weg der Einweihung begleitet hat.

Du bist durch einen Weg der Initiationen in dem heutigen Land Ägyptens gegangen, der dir vieles abverlangt hat und dir von der göttlichen Quelle, als eine göttliche Initiation gegeben wurde.

Die Initiation eines Wissens – eine Entzündung von heiligen Formen und Schwingungen, die du in dir getragen hast und es dir zu dieser Zeit – so wie in der heutigen Zeit – nicht bewusst gewesen ist.

Toth wurde in der damaligen Zeit von der Quelle und Melek Metatron auserwählt, tausende Lichtarbeiter anzuführen und in das Bewusstsein der absoluten Göttlichkeit zu führen.

Und so stehe ich dir in der heutigen Zeit wieder gegenüber und sage dir:

„Du bist einer von uns – ein Wegbereiter des Lichtes. Ich weiß, wer du bist, denn du hast dich vor langer Zeit der Führung von Toth anvertraut."

Viele von Euch werden mich, Toth, als einen strengen Lehrer in Erinnerung haben – doch war diese Strenge oftmals notwendig, um dir die tiefe Bedeutung deines Weges bewusst zu machen.

Einige hätten sonst auf halbem Wege aufgehört, ihren Weg zu gehen. Doch ist meine Liebe so tief zu einem jeden Einzelnen von euch, denn ich weiß, was ein jeder von euch bereit war zu geben.

Ich weiß, was du in dieser Zeit wiederum bereit bist zu geben. Der Weg der Einweihung hat sich in seiner äußeren Form verändert – doch ist die Essenz geblieben.

„Das Erwachen zu Dir selbst."

Damals warst du bereit – vor allen anderen das Erwachen in dir zu erlangen. Du trägst das Wissen dieses Prozesses in dir. Du, der/die du diese Zeilen liest, kannst dir sicher sein – dass du vor Toth gestanden und die reine Absicht deines Herzens vor mir bekundet hast – deine Absicht zu erwachen.

Ich sah in dein Herz, so wie ich es in diesem Moment tue und sah die reine Absicht in dir. Diese Reinheit in dir war dein Einlass für den Weg der Initiation.

Auch gab es Menschen, die von Toth abgewiesen wurden und gebeten wurden, zu einem späteren Zeitpunkt wiederzukommen, nachdem sie sich ihre Motivation für ihren Schritt genau angesehen hatten. Denn Toth sah, wann der Impuls aus dem Ego kam.

Und so möchte Toth dir sagen, die Zeit ist gekommen und das Zeitgeschehen auf Lady Gaia erlaubt es nun, den Schleier in dir immer mehr zu lüften, um dir die Antworten auf so viele Fragen zu geben, die du in dir trägst.

Und so wie damals stehe ich, Toth, vor dir und werde an deiner Seite sein. Glaube mir, du bist mir so vertraut und du bist auf deinem Weg.

„Auf dem Weg zu Dir selbst, um deiner Seele zu begegnen."

Eine tiefe Erfahrung wird es für dich sein, wieder mit der atlantischen Energie in Kontakt zu kommen und von ihr berührt zu werden. Sie wird dir Kraft verleihen und dich in deinem Herzen stärken. Toth bittet dich nun, gib deine Erlaubnis, dass atlantische Energie zu dir gebracht werden kann, in einem Maße, wie es für dich angemessen ist und dann lass alles geschehen – Toth ist an deiner Seite (Lass dir einen Augenblick Zeit, um die atlantische Energie zu fühlen).

Du bist der Ausdruck der absoluten Göttlichkeit auf Erden. Erlaube der göttlichen Kraft durch dich zu wirken und bereite den Weg für deine Brüder und Schwestern auf Erden vor.

Du wirst wird von einem jedem Lichtwesen unermesslich geliebt.

An Anasha – du Wegbereiter der neuen Zeit.
Meine Liebe für dich ist unermesslich tief.

Ich umarme dich.
Toth

Liebe
(Nama Ba Hal)

Hohe kosmische Lichter der ewigen Wahrheit, die funkelnd und strahlend die Essenz des ewigen Lichtes in sich tragen.

Ich bin Nama Ba Hal und in diesem Augenblick legt sich das Netz der Liebe von Nama Ba Hal um dich und beginnt, dir die ewige Wahrheit dessen, wer du bist zu überbringen.

Es ist ein dir Überbringen der Wahrheit direkt in dein Herz hinein – denn dort bist du frei von deinem Verstand und kannst die Botschaften in ihrer Wahrhaftigkeit erkennen.

Meine Liebe und meine Worte fließen direkt in dein Herz und lassen es überlaufen mit der kosmischen Wahrheit, die alle Zweifel verdrängt.

Es ist an der Zeit aus dem Kleinen herauszutreten und deine Großartigkeit anzuerkennen. Die letzten Jahre waren Jahre der Vorbereitung auf das großartige Ereignis, welches sehr bald geschehen wird. Viele hohe kosmische Lichter, sowohl auf Erden in ihrem menschlichen Sein als auch auf kosmischer Ebene, haben mitgeholfen mit all ihrer Liebe und Kraft den bevorstehenden Übergang in eine höhere Bewusstseinsebene vorzubereiten.

Viele von Euch befinden sich in diesen Monaten oft auf dem Lichtschiff von Ashtar Sheran, dem Botschafter des Friedens, um die Vorbereitungen zu planen und die kosmische Wahrheit auf Erden zu verbreiten.

Es war eine Zeit des euch Übermittelns, dass etwas noch nie Dagewesenes geschehen und eintreten kann. Die kosmischen Lichter auf Erden haben sich entschieden, diesen Schritt gemeinsam mit Laidy Gaia zu gehen. Und ich rufe einen jeden Einzelnen von Euch auf – gehe den Schritt in deine Wahrhaftigkeit – hinein in dein kosmisches Sein – bleibend in deinem menschlichen Körper.

Was hindert dich daran, das zu sein, was du bist? Du wirst mir vieles jetzt sagen und antworten – doch diese Antworten entspringen nicht deiner Wahrhaftigkeit – sie entspringen der Lähmung und Täuschung der Dualität – der Kontrolle eines kollektiven Musters. Du meinst, deine Realität ist statisch und du bewegst dich innerhalb dieser statischen, dich umgebenen Realität hindurch ohne etwas ändern zu können? Wenn du schon vorher kapitulierst, weil du denkst die Dinge nicht ändern zu können – dann wird es nach den Gesetzen des Lichtes so sein.

„Denn du bist der Schöpfer – Du bist der Schöpfer – Du bist der Schöpfer."

Ich, Nama Ba Hal, sage dir – trete heraus aus dieser Täuschung und dieser Lähmung, der du solange unterlegen bist.

Eine neue, dich umgebene Realität beginnt Einzug zu halten mit der ihr innewohnenden Struktur des Erschaffens, eine Realität in der ein jeder von euch aufgefordert sein wird, seine Wahrhaftigkeit zu leben und alles, was in diesen Momenten noch als unerreichbar und unmöglich angesehen wird – sich einstellen wird. Es werden Wunder geschehen – du wirst Wunder vollbringen. Vertraue der kosmischen Intelligenz in deinem Inneren und lasse dich führen.

Viele Worte sind geschrieben, doch das, was wirklich geschehen ist, während du diese Worte von Nama Ba Hal gelesen hast, ist für die meisten von euch nicht sichtbar.

Doch viele fühlen es. Lasse dich tragen und lasse dir zeigen, wer du wirklich bist – bade in dem Licht und der Liebe der Wirklichkeit und lasse dein eigenes Licht zum Vorschein kommen.

Meine Liebe für dich ist unermesslich tief..

Nama Ba Hal

Öffnung des Heilungskanals (Dr. Kahn)

Meine geliebten Freunde, Heiler, Lichtarbeiter, ihr Mütter und Väter, Söhne und Töchter.

Ich bin Dr. Kahn und ich grüße einen jeden Einzelnen von euch in diesem Augenblick mit der unermesslichen Liebe, die ich aus der Tiefe meines Seins heraus für euch empfinde.

Die Zeit, sie schwingt nicht mehr so, wie sie es noch vor einigen Monaten getan hat. Ja, du hast richtig gelesen, sie schwingt nicht mehr so wie einst. Im Zusammenhang mit der Zeit sprecht ihr oft davon, dass sie läuft oder rennt – doch in Wahrheit schwingt sie, wie alles andere auch in Schwingungen vibriert und zu erfahren ist.

Mit der Veränderung der Zeitqualität, begeben sich all eure Körper in eine andere Energiequalität hinein. Eure Körper sind es gewohnt, nach Zyklen zu laufen und zu funktionieren. Diese Zyklen wurden an den, in der Dualität, messbaren Zeitrahmen von Stunden, Tagen usw. ausgerichtet.

Viele Funktionen eures Körpers stehen in enger Verbindung zu der Stellung der angrenzenden Planeten in eurem Universum. An dieser Tatsache kannst du ersehen, dass nichts getrennt voneinander betrachtet werden kann.

Was aber geschieht mit dem Körper, wenn die Ankerpunkte, um eine Zeitqualität zu erfassen und innerhalb dieser die vorgegebenen Funktionen geschehen zu lassen, sich verändern?

Dein Körper beginnt sich schneller oder langsamer auf die neue Energiequalität auszurichten – ihr nennt es auf der Erde Evolution. Es geschieht diesmal nicht nur eine Evolution auf irdischer Ebene, sondern dadurch, dass deine gesamte Multidimensionalität in deinen physischen Körper verankert wird, vollzieht sich eine kosmische Evolution.

„Du wirst, was du bist."

Doch nun genug der Worte und ich möchte zum Eigentlichen kommen, weswegen du diese Zeilen liest und die Energie von Dr. Kahn spüren kannst. Da eine so große Veränderung mit einem jeden von euch geschieht, richten sich all eure Körper immer mehr nach der Liebe, nach der Wirklichkeit aus.

Deine Zellen schwingen in dem Magnetismus der neuen Zeit und ihr werdet in der Zukunft beginnen, Heilung neu zu definieren.

„Heilung wird allein durch Liebe geschehen. Nur Liebe. Pure Liebe."

Auch wenn es für viele in diesem Augenblick noch schwer vorstellbar ist – so wird es sein. Was du dazu benötigst – sowohl für dich selbst als auch für andere Menschen, denen du die Heilungsenergie geben möchtest, ist ein offener Heilungskanal in dir. Du trägst verschiedene Heilungskanäle in dir und somit können verschiedene Frequenzen der Heilung durch dich wirken.

Einen Heilungskanal, den viele Menschen auf Erden durch eine Einweihung geöffnet bekommen haben, ist der Reikikanal. Durch diesen Kanal kann die wundervolle Heilungsenergie des Reiki durch euch fließen.

Doch den Heilungskanal, den ich heute für dich öffnen werde, hat nichts mit dem Reikikanal zu tun. Es ist ein Heilungskanal, durch den hohe magnetische Energie fließen kann. Denn die Heilungen der neuen Zeit, werden durch hohe magnetische Heilungsenergie geschehen.

Was es braucht, um diesen Kanal für dich zu öffnen, ist deine Erlaubnis und die Absicht der Liebe in deinem Herzen.

Wenn diese Voraussetzungen erfüllt sind, kann der Heilungsstrahl der Liebe dich berühren und ich, Dr. Kahn, werde für dich wirken.

Und so bitte ich dich, wenn du die Erlaubnis gegeben hast, zentriere dich in deinem Herzen, entspanne dich und lass alles geschehen. Die Schwingung der magnetischen Energie wird angehoben und Dr. Kahn ist ganz nah bei dir.

Ich werde nun beginnen, deinen Heilungskanal zu öffnen (Nimm dir etwas Zeit und genieße die Öffnung).

So ist es vollbracht und der Heilungskanal in dir wurde geöffnet. Es kann sein, dass dir etwas schwindlig ist oder du eine große Herzöffnung spüren kannst.

Gehe spielerisch mit den Veränderungen um und probiere aus, wie du am besten mit der Heilungsenergie arbeiten möchtest. Der verbreitetste Weg auf der Erde, die Energien fließen zu lassen, ist über deine Handflächen hinaus.

Diejenigen unter Euch, die mit Energiearbeit vertraut sind, werden eine höhere Schwingung während ihrer nächsten Behandlungen wahrnehmen können.

Dr. Kahn sagt danke für dein Vertrauen, danke für deine Liebe, danke für dein Sein.

Und so sage ich dir, meine Liebe für dich ist unermesslich tief und ich werde in jedem Augenblick für dich wirken, wenn du es mir erlaubst.

An Anasha
Dr. Kahn

Das nachfolgende Channeling „Fusion statt Spaltung – verbunden mit der Intuition" habe ich von Kryon für ein Symposium, welches in Moskau stattgefunden hat, empfangen.

Auf diesem Symposium trafen sich Wissenschaftler und esoterisch arbeitende Menschen, um Gemeinsamkeiten und Unterschiede in ihren bestehenden, weltanschaulichen Sichtweisen zu diskutieren.

Sie wollten über eine Zusammenarbeit diskutieren, um bestehende, im Moment noch nicht gelöste Probleme der Menschheit, gemeinsam anzugehen.

Spontan haben sich Wissenschaftler und Esoteriker zusammengeschlossen und sind dabei, die gemachten Aussagen von Kryon in die Tat umzusetzen und Wissenschaft und Intuition miteinander zu vereinen.

Ich fand dieses Channeling sehr schön und möchte es dir mitteilen.

Nama Ba Hal

Fusion statt Spaltung – verbunden mit der Intuition (Kryon)

Meine geliebten Freunde, ich bin Kryon vom magnetischen Dienst und ich heiße euch willkommen. Ihr habt euch versammelt, um das Licht, die Liebe und die Wahrheit zu erfahren und tiefer in die immer währende Wirklichkeit einzutauchen.

Ihr seid bereit, das in die Praxis umzusetzen, was im Außen, im Großen geschieht. Ihr seid bereit, euer Wissen zu vereinen und somit eine Fusion von Liebe und Weisheit herbeizuführen. Denn es finden in diesen transformierenden Zeiten große Fusionen und Zusammenschlüsse von Energien und Frequenzen statt.

Stelle dir für einen Augenblick vor, wenn du diese Zeilen hörst, dass unzählige kosmische Wesen damit beschäftigt sind, planetare Verknüpfungen zwischen deinem und vielen anderen bewohnten und unbewohnten Planeten in eurem Universum herzustellen.

Ihr lebt in einer Zeit der Verschmelzungen, des Verbindens und der interdimensionalen Vereinigung durch planetare Verknüpfungen. Ihr habt in eurer Realität vor sehr langer Zeit damit begonnen, die eine Wahrheit, die ewiglich ist, durch verschiedene Wege zu untersuchen und zu erforschen.

Und Kryon möchte auf zwei dieser Wege näher eingehen, um dir das zu erklären, was im Augenblick geschieht. Ich möchte auf die Wege der Wissenschaft und der Esoterik näher eingehen.

Es gibt nur eine Wahrheit die ewiglich besteht. Dem gegenüber gibt es viele, nahezu unzählige Wege, die eine Wahrheit zu untersuchen und zu erforschen.

Es gibt unterschiedliche Herangehensweisen, wie das, was immer besteht, erforscht werden kann. Es ist das Geheimnis des Lebens und gleichzeitig ist es die Faszination des Lebens.

Nun lässt sich die wissenschaftliche Seite mehr von dem in ihren Untersuchungen leiten, was offensichtlich ist, was beweisbar ist und was eine gewisse Kontinuität in ihrer Beweislage besitzt. Und lass uns diesen wissenschaftlichen Weg als den männlichen Weg bezeichnen.

Dem gegenüber gibt es den esoterischen Weg, der nicht das Offensichtliche, Stetige und Beweisbare benötigt, um das zu erkennen, was der wissenschaftliche Weg beweisen möchte. Lass uns den esoterischen Weg als den weiblichen Weg bezeichnen.

Dieser weibliche Weg hat genauso wie der wissenschaftliche Weg seine Instrumente und teilweise auch seine Apparaturen, um das zu beweisen, was nicht offensichtlich ist. Doch besitzt der weibliche Weg ein Instrument, welches das tief greifendste Instrument ist, das ein menschliches Wesen besitzen kann. Es ist das Instrument der Intuition.

Dieses Instrument trägt eine Eigenschaft in sich, die es von allen anderen Instrumenten unterscheidet. Die Intuition steht in direkter Verbindung mit dem Ursprung allen Seins. Sie kann dir die Botschaft überbringen, welche aus den hohen Ebenen des Lichtes zu euch gebracht wird.

Es ist eine Frage des Gebrauchens des Instrumentes der Intuition. Und Kryon möchte auch darauf näher eingehen.

Stelle dir vor, dir wird ein neues, hochmodernes Gerät geliefert, das dir ermöglicht, in Kontakt zu treten mit Bewohnern anderer Planeten. Da es etwas kompliziert erscheint, dieses Gerät zu bedienen, lässt du jemanden zu dir kommen, der von sich behauptet, er weiß, wie dieses Gerät funktioniert. So weit, so gut.

Doch der Mensch, der zu dir kommt, kennt nur das Vorgängermodell von dem, welches dir geliefert wurde. Er erklärt dir die wichtigsten Funktionen und er kennt viele erweiterte Funktionen nicht, die das neuere Modell besitzt und so bleibt vieles ungenutzt. Doch er verspricht sich zu erkundigen und wieder zu kommen, wenn er neue Informationen hat.

So nutzt du dein Gerät der Intuition, das dir auf der Funktionsweise eines alten Gerätes erklärt wurde und bemerkst nicht, wie dir viele der neuen Funktionen nicht zur Verfügung stehen. Kryon benutzt ganz bewusst immer wieder das Wort „neu". Denn es ist eine neue Zeit, es sind neue Informationen und du bist ein neuer Mensch.

Worauf Kryon zu sprechen kommen möchte, ist, dass ihr Wissenschaftler und ihr Esoteriker beginnt, ein neues Verständnis von der Benutzung eurer Intuition zu erlangen. Eine der neuen Zeit entsprechenden Benutzung und Anwendung mit sich darin befindenden erweiterten Potentialen.

In der Vergangenheit habt ihr oft eure Intuition mit einem gewissen Bauchgefühl genutzt. Doch die Intuition der neuen Zeit geschieht aus der Vereinigung all deiner Chakren heraus und somit in direkter Verbindung zu dem Ursprung, aus dem du heraus entsprungen bist.

Und so rufe ich euch auf – ihr Wissenschaftler, ihr Mystiker, ihr Esoteriker – ihr Engel, beginnt die Intuition dieser neuen Zeit zu nutzen durch die Anwendung eines neuen Verständnisses, welches wir euch geben werden. Ihr werdet Informationen erhalten, wie die Intuition der neuen Zeit anzuwenden ist. Denn wir werden euch die Werkzeuge geben und du wirst sie benutzen, um Lady Gaia die Geburt zu ermöglichen, die vor ihr liegt.

Du wirst dich fragen – Kryon, warum erzählst du uns so vieles über Intuition? Und ich möchte dem Engel, der aufgestanden ist, diese Frage zu stellen und das Licht um sich *herum noch nicht vollständig erblicken kann, sagen, es ist die Kommunikation der neuen Zeit, über die wir dir die Botschaften senden werden.*

Es ist ein Kanal der erschaffen wurde und in dieser Zeit euch wieder zur Verfügung steht. Er sendet in der Frequenz der bedingungslosen Liebe seine Botschaften zu dir.

Und so möchte ich euch noch einen Hinweis geben, der eure Physiker interessieren wird. Euch ist bekannt, dass es global ein Problem mit der Nutzbarmachung der Energie auf eurem Planeten gibt und dieses Problem in der Zukunft sich verstärken wird.

Und auch dort wird sich ein Wandel vollziehen, der es euch ermöglichen wird, die Menge an Energie, die ihr heute noch aus der Spaltung der Atomkerne gewinnt und die nebenbei schädigende Strahlung freisetzt, um ein Vielfaches zu steigern, indem ihr im Inneren des Kernes eine Fusion geschehen lasst. Die Energie, die dabei freigesetzt wird, wird es euch ermöglichen, eure nachfolgenden Entwicklungen der Flugobjekte mit mehrfacher Lichtgeschwindigkeit zu bewegen. Nebenbei wird durch diese Fusion im Inneren des Atomkerns keine schädigende Strahlung mehr freigesetzt.

Ihr seht, in allem beginnt sich der Wandel von der Spaltung zur Fusion zu vollziehen. Und der Mensch, der dir in unserem oben genannten Beispiel die Funktion der Intuition anhand eines älteren Modells erklärte, wird wiederkommen und dich einweihen in die Wunder, die du in dir trägst. Öffne deine Augen und wir werden dich führen und du wirst alles erhalten, was du brauchst.

Und so möchte Kryon euch danken, dass ihr bereit wart, diese Botschaften zu hören und ich rufe euch im Namen der 36 hohen Räte des Lichtes zu:

„Pioniere – es ist eure Zeit, es ist die Zeit, für die du in deiner Vergangenheit so vieles bereit warst zu geben – sogar dein Leben."

Der Prozess, der vor langer Zeit eingesetzt hat und dich nach Hause bringen wird, ist nicht mehr aufzuhalten. Vertraue den Informationen der neuen Zeit und du wirst vorbereitet sein, wenn das größte kosmische Geschehen sich vollziehen wird, das es je gegeben hat, seitdem euer wunderschöner Planet Erde besteht.

Du wirst heimkehren in die Wirklichkeit, es wird ein Fest für dich geben und Kryon wird in der ersten Reihe stehen und dir applaudieren. Ich liebe dich. Du bist ein wundervolles, vollkommenes Geschöpf der göttlichen Liebe.

Kryon und die 36 hohen Räte des Lichtes, sagen dir aus dem Zentrum ihrer Herzen heraus

An Anasha

Da Kryon der Lichtsprache ein eigenes Kapitel (S. 41) gewidmet hat, möchte ich dir einen Ausschnitt des Channelings mit dem Schriftsatz in der Lichtsprache vorstellen.

Spüre die Energie, die durch den Gebrauch des Schriftsatzes der Lichtsprache zusätzlich entsteht.

Der Schriftsatz der Lichtsprache für den Computer ist unter www.kryonschule.de zu beziehen.

v1↓–ɤX⇞\·↓–ⵛ – ·\1X⊣ ·‖
(∧\<⊣|)

‖ⵛ1‖ ~ⵛv1ⵛ)ɤⵛ\ //\ⵛ8|∩. ‖ⵛ1‖ⵛ ~ⵛv1ⵛ)ɤⵛ //\ⵛ8|∩1‖. ∧\<⊣| ∧⊣‖‖ɤ ‖1ɤ ∩ⵛ\ 8|ⵛ\‖ⵛXX-v1↓–ⵛ| v1ⵛ)ⵛ ∩ⵛ\ ·vv8‖//·XXⵛ|–ⵛ1ɤ 8|∩ ∩ⵛ\ ~öɤɤv1↓–ⵛ| ·vv~ⵛ~ⵛ|(ä\ɤ1~∧ⵛ1ɤ 1‖ ∩1ⵛ-Xⵛ‖ ·8~ⵛ|)v1↓∧ >8 ∩1\. 1↓–)\ⵛ1ɤⵛ ‖ⵛ1‖ⵛ ·\‖ⵛ ·8X 8|∩)ⵛ~\üßⵛ ∩1↓– ‖1ɤ ∩ⵛ| (⊣\ɤⵛ| ⊣‖·\ ɤ· X·ɤɤ.

∩·X v1↓–ɤ ∩ⵛ\ v1ⵛ)ⵛ)\ⵛ||ɤ 1‖ ∩1\. ⵛX)\ⵛ||ɤ 1‖ ∩ⵛ1‖ⵛ‖ –ⵛ\>ⵛ|. ⵛX)\ⵛ||ɤ 1‖ ∩ⵛ1-|ⵛ\ Xⵛⵛvⵛ. ∩1ⵛXⵛX v1↓–ɤ. (ⵛv↓–ⵛX ∩8 1‖ ∩1\ ɤ\ä~Xɤ.)ⵛ1‖–·vɤⵛɤ ∩·X ɤ1ⵛ//ⵛ (1X-Xⵛ| 8|∩ ∪ⵛ\Xɤⵛ–ⵛ| ·8ßⵛ\–·v) ∩ⵛXXⵛ|. (·X ∩ⵛ1‖ ‖ⵛ|X↓–v1↓–ⵛ\ ∪ⵛ\Xɤ·|∩ ∩1↓– ~v·8)ⵛ| väXXɤ.

8|∩ ∩1ⵛXⵛX (1XXⵛ| 1Xɤ ⵛX. ∩·X 1‖ ∩1ⵛXⵛ| ·8~ⵛ|)v1↓∧ⵛ|. 1‖ ∩ⵛ|ⵛ| ∩8 ∩1ⵛ)⊣ɤX↓–·//ɤⵛ| ∪⊣| ∧\<⊣| v1ⵛXɤ. 1‖ ∩1\ ⵛ‖⇞⊣\ ~ⵛ–⊣)ⵛ| (1\∩. ∩8)1Xɤ ∩ⵛ\ ‖ⵛ|X↓–v1↓–ⵛ ·8X∩\8↓∧ ∪⊣| ~⊣ɤɤ ·8// ⵛ\∩ⵛ|.

v·XXⵛ ∩1ⵛ v1ⵛ)ⵛ. ∩1ⵛ X1↓– >(1X↓–ⵛ| ∩1\ 8|∩‖1\ )ⵛ((ⵛ~ɤ. ∩ⵛ1‖ⵛ Xⵛⵛvⵛ)ⵛ\ü–\ⵛ|. 1↓–

∧\<⊣|, —·vɤϾ ∩Ͼ1|Ͼ —·|∩ 8|∩)1| ∼·|> |·—)Ͼ1 ∩1\. ‖Ͼ1|Ͼ //\Ͼ8∩Ͼ 1Xɤ ∼\Ͼ|>Ͼ|v⊣X, ∩Ͼ‖ Ͼ|-∼Ͼv ∩Ͼ\ ∩8)1Xɤ, >8 ∩1Ͼ|Ͼ| 8|∩ ∩1Ͼ)⊣ɤ-X↓—·//ɤϾ| ∩Ͼ\ |Ͼ8Ͼ| >Ͼ1ɤ >8 ü)Ͼ\)\1|∼Ͼ|.

1| ∩Ͼ‖ Ü)Ͼ\)\1|∼Ͼ| ∩Ͼ\ )⊣ɤX↓—·//ɤϾ| ∩Ͼ\ |Ͼ8Ͼ| >Ͼ1ɤ, ‖ö↓—ɤϾ 1↓— ∩1\ ü)Ͼ\ ∩1Ͼ 8|1-∪Ͼ\XϾvvϾ v1↓—ɤX↟\·↓—Ͼ, ∼Ͼ|·||ɤ ·\1X⊣ ·‖,)Ͼ\1↓—ɤϾ|. ϾX (1\∩ (1↓—ɤ1∼ //ü\ ∩1↓— XϾ1|, ∩Ͼ1| ɤ1Ͼ//ϾX (1XXϾ| ü)Ͼ\ ∩1ϾXϾ X↟\·↓—Ͼ ∩ϾX v1↓—ɤϾX, (Ͼv↓—ϾX ∩8 1| ∩1\ ɤ\ä∼Xɤ, Ͼ‖↟⊣\ >8 —Ͼ)Ͼ| 8|∩ ∩1\ (1Ͼ∩Ͼ\ )Ͼ(8XXɤ >8 ‖·↓—Ͼ|.

X↟\·↓—Ͼ 1Xɤ XϾ1ɤ :Ͼ —Ͼ\ ∩1Ͼ (1↓—ɤ1∼XɤϾ //⊣\‖, 8‖ 1| //⊣\‖·ɤ1⊣|Ͼ|,)⊣ɤX↓—·//ɤϾ| 8|∩ ‖1ɤ-ɤϾ1v8|∼Ͼ|, 1||Ͼ\—·v) ∩Ͼ\ ∩8·v1ɤäɤ, ‖1ɤϾ1-|·|∩Ͼ\ ·8X>8ɤ·8X↓—Ͼ|. X1Ͼ)Ͼ//ä—1∼ɤ Ͼ8↓—, ‖1ɤϾ1|·|∩Ͼ\ 1| ∧⊣‖‖8|1∧·ɤ1⊣| >8 ɤ\ϾɤϾ|.

|·↓—∩Ͼ‖ v·∩< ∼·1· ·8X ∩Ͼ‖ —ö↓—XɤϾ|)Ͼ-(8XXɤXϾ1| ∩ϾX v1↓—ɤϾX Ͼ\X↓—·////Ͼ| (8\-∩Ͼ,)\Ͼ1ɤϾɤϾ X1↓— ∩Ͼ\ ɤ⊣| ·8X, ∩Ͼ\ ∩1Ͼ X↟\·↓—Ͼ Ͼ|ɤXɤϾ—Ͼ| v1Ͼß 8|∩ ∩1Ͼ ϾX ∩Ͼ| vϾ)Ͼ(ϾXϾ| Ͼ\‖ö∼v1↓—ɤϾ, ‖1ɤϾ1|·|∩Ͼ\ >8 ∧⊣‖‖8|1>1Ͼ\Ͼ|.

8|∩ ∩· ∧\<⊣| (Ͼ1ß, ∩·X ∩1Ͼ ‖Ͼ|X↓—Ͼ| ∩·>8 |Ͼ1∼Ͼ|, Ͼ1|Ͼ ∼Ͼ∼Ͼ)Ͼ|Ͼ 1| //⊣\‖·ɤ1⊣| >8 ∪Ͼ\-·vv∼Ͼ‖Ͼ1|Ͼ\|, ‖ö↓—ɤϾ 1↓— ∩1\ X·∼Ͼ|, ∩·XX

X↟\·↓−Ͼ Ͼ1lϾ //⊣\ll u⊣l u1ϾvϾl 1Xɤ, ll1ɤ ∩Ͼ-
\Ͼl −1v//Ͼ CϾXϾl 1l ∧⊣llll8l1∧·ɤ1⊣l ɤ\ϾɤϾl
∧öllϾl.

∩⊣↓− //ü\ ∩1Ͼ Ü)Ͼ\ll1ɤɤv8l~ llϾ1lϾ\ )⊣ɤ-
X↓−·//ɤϾl 1l ∩1ϾXϾll ∧·↟1ɤϾv, CϾ\∩Ͼ 1↓−
ll1↓− ·8// ∩1Ͼ llϾlX↓−v1↓−Ͼ X↟\·↓−Ͼ 8l∩ ∩Ͼl
llϾlX↓−Ͼl)Ͼ>1Ͼ−Ͼl.

·vX ∩1Ͼ Ͼl~Ͼv)Ͼ~·llϾl, X1↓− ·8// ∩Ͼll ↟v·-
lϾɤϾl Ͼ\∩Ͼ ll1ɤ ∩Ͼ\ ·8X)1v∩8l~ 1−\ϾX ↓−·-
∧\ϾlX<XɤϾllX llϾlX↓−v1↓− >8 Ͼ\//·−\Ͼl,)Ͼ-
~·ll X1↓− Ͼ1lϾ //⊣\ll ∩Ͼ\ ∧⊣llll8l1∧·ɤ1⊣l u⊣l
ɤölϾl 8l∩ ∧väl~Ͼl 8lɤϾ\ 1−lϾl >8 ϾlɤC1-
↓∧Ͼvl, ∩1Ͼ ∩8 −Ͼ8ɤϾ ·vX ∩1Ͼ llϾlX↓−v1↓−Ͼ
X↟\·↓−Ͼ ∧ϾllXɤ.

ϾX C·\ Ͼ1l XϾ−\ v·l~Ͼ\ CϾ~. 8l∩ ∩1Ͼ 1l //⊣\-
ll·ɤ1⊣lϾl, ∩1Ͼ 1↓− ∩1\ l·↓−//⊣v~Ͼl∩ ~Ͼ)Ͼl
CϾ\∩Ͼ, CϾ\∩Ͼl X1↓− ·8// ∩1Ͼ >Ͼ1ɤ ·) ∩Ͼ\
ϾlɤC1↓∧v8l~ Ͼ8\ϾX llϾlX↓−v1↓−Ͼl ↓−·∧-
\ϾlX<XɤϾllX)Ͼ>1Ͼ−Ͼl.

8l∩ ∩· ·vvϾX 1llϾ\−·v) ∩Ͼ\ ∩8·v1ɤäɤ ∩·\·8//
·8X~Ͼ\1↓−ɤϾɤ C·\, ∩1Ͼ Ͼ\//·−\8l~ ∩ϾX ~Ͼ-
ɤ\ϾllɤXϾ1lX >8 Ͼ\vϾ)Ͼl, ϾlɤC1↓∧ϾvɤϾ
X1↓− ·8↓− ∩1Ͼ llϾlX↓−v1↓−Ͼ X↟\·↓−Ͼ 1l ∩Ͼl
8lɤϾ\X↓−1Ͼ∩v1↓−Ͼl \Ͼ~1⊣lϾl >8 8lɤϾ\-
X↓−1Ͼ∩v1↓−Ͼl X↟\·↓−Ͼl. 8ll ϾX ∩1\ )1v∩v1↓−

>8 Ċ\∧vä\Ċ|, ||ö↓–ɤĊ 1↓– ∩1\ //⊣v~Ċ|∩Ċ 1|-
//⊣\||·ɤ1⊣| ü)Ċ\)\1|~Ċ|:

XɤĊvvĊ ∩1\ ∪⊣\ ∩·X, C·X 1–\ ·vX ∩Ċ| 8\ɤ⊣| ∩ĊX 8|1∪Ċ\X8||X)Ċ>Ċ1↓–|Ċɤ, C8\∩Ċ ·8// ∩1Ċ Ċ\∩Ċ ~Ċ)\·↓–ɤ. Ü)Ċ\·vv ·8// ∩Ċ|| ↥v·|ĊɤĊ| Ċ\∩Ċ vĊ)ɤĊ| ||Ċ|X↓–Ċ|, ∩1Ċ ·8//~\8|∩ ∩Ċ\ |1↓–ɤ ∪⊣\–·|∩Ċ|Ċ| ɤĊ↓–|1X↓–Ċ| Ċ|ɤC1↓∧-v8|~, |1↓–ɤ ||1ɤĊ1|·|∩Ċ\ 1| ∧⊣|ɤ·∧ɤ ɤ\ĊɤĊ| ∧⊣||ɤĊ| 8|∩ ɤĊ1vCĊ1XĊ |1↓–ɤX ∪⊣| ∩Ċ|| ∪⊣\-–·|∩Ċ|XĊ1| ·|∩Ċ\Ċ\ ||Ċ|X↓–Ċ|, >.). ·8// ∩Ċ\ ·|∩Ċ\Ċ| XĊ1ɤĊ ∩ĊX Ä/8·ɤ⊣\X C8XXɤĊ|.

∩1Ċ ɤĊvĊ↥·ɤ–1Ċ C·\ |8\ XĊ–\ ~Ċ\1|~)>C. |1↓–ɤ ·8X~Ċ↥\ä~ɤ. ∩1Ċ Ċ1|>Ċv|Ċ| ~\8↥↥Ċ| //⊣\||ɤĊ| ·8X ∩Ċ|| 8\ɤ⊣| –Ċ\·8X 1–\Ċ 1|∩1∪1-∩8ĊvvĊ X↥\·↓–Ċ, ||1ɤ ∩Ċ\ X1Ċ X1↓– 1||Ċ\-–·v) ∩Ċ\ Ċ1~Ċ|Ċ| ~\8↥↥Ċ ∪Ċ\Xɤä|∩1~Ċ| ∧⊣||ɤĊ|.

X⊣ C8\∩Ċ ĊX ||ö~v1↓–, ∩·XX ∩1Ċ Ċ1|>Ċv|Ċ| ~\8↥↥Ċ|, ·8X ∩Ċ|| 8\ɤ⊣| 1–\Ċ 1|∩1∪1∩8ĊvvĊ| v·8ɤĊ, ~Ċ|·||ɤ X↥\·↓–Ċ, //⊣\||ɤĊ| 8|∩ Ċ|ɤC1-↓∧ĊvɤĊ|. >8)Ċ~1|| ∩1ĊXĊ\ X↥\·↓–v1↓–Ċ| Ċ|ɤC1↓∧v8|~)Ċ>⊣~ X1↓– ∩Ċ\ ·8X∩\8↓∧ |8\ ·8// ∩·X |⊣ɤCĊ|∩1~XɤĊ. ||1ɤ >8|Ċ–||Ċ|∩Ċ\ ∧8vɤ8\ĊvvĊ\ Ċ|ɤC1↓∧v8|~ 8|∩ ∩Ċ|| Ċ|ɤ-XɤĊ–Ċ| X⊣>1·vĊ\ Xɤ\8∧ɤ8\Ċ|,)Ċ~·|| X1↓–

1Xɤ ∪1Ͼvvʘ1↓–ɤ |Ͼ8 //ü\ ∩1↓–, C8\∩Ͼ –1|-
ɤϾ\ ∩Ͼ\ ||Ͼ|X↓–v1↓–Ͼ| X↥\·↓–Ͼ Ͼ1| ~\8|∩-
||8XɤϾ\ ~ϾvϾ~ɤ, CϾv↓–ϾX ϾX 1–\Ͼ|)Ͼ-
|8ɤ>Ͼ\| Ͼ\||ö~v1↓–ɤϾ, X1↓– ||1ɤ 1–\Ͼ|| ·8X-
∩\8↓^ 1||Ͼ\–·v) ∩Ͼ\ ∩8·v1ɤäɤ >8)ϾCϾ~Ͼ|.

∪1ϾvϾ| ∪ᚔ| Ͼ8↓– 1Xɤ ∩1ϾXϾ X1ɤ8·ɤ1ᚔ|)Ͼ-
^·||ɤ, ∩·XX, CϾ|| ∩8 ϾɤC·X)ϾX↓–\Ͼ1)Ͼ|
||ö↓–ɤϾXɤ, ∩1\ ∩1Ͼ |ᚔɤCϾ|∩1~Ͼ| Cᚔ\ɤϾ
∩·>8 //Ͼ–vϾ|, ∩· ∩1Ͼ ||Ͼ|X↓–v1↓–Ͼ X↥\·↓–Ͼ
1| 1–\Ͼ|| ·8X∩\8↓^ XϾ–\ )Ͼ~\Ͼ|>ɤ 1Xɤ. ∩8
^·||Xɤ ϾX 1| ∩1\ //ü–vϾ|, C·X ∩8 X·~Ͼ| ||ö↓–-
ɤϾXɤ ·)Ͼ\ ϾX ~1)ɤ ^Ͼ1|Ͼ| ·8X∩\8↓^ 1| ∩Ͼ\
||Ͼ|X↓–v1↓–Ͼ| X↥\·↓–Ͼ ∩·>8.

:Ͼ CϾ1ɤϾ\ X1↓– Ͼ1|)ϾC8XXɤXϾ1| Ͼ|ɤC1-
↓^Ͼvɤ,)Ͼ~1||ɤ ϾX Cᚔ\ɤϾ >8 ∪Ͼ\CϾ|∩Ͼ| 8|∩
||1ɤϾ1|·|∩Ͼ\ >8 ^ᚔ||)1|1Ͼ\Ͼ|, ∩1Ͼ Ͼ1|Ͼ ∪ᚔvv-
^ᚔ|||Ͼ| ·|∩Ͼ\Ͼ X↓–C1|~8|~ Ͼ\>Ͼ8~Ͼ| 8|∩ 1|
X1↓– ɤ\·~Ͼ|. ∩Ͼ\ –ö↓–XɤϾ ·8X∩\8↓^ ∩ϾX
X1↓– ∪Ͼ\Xɤä|∩1~Ͼ|X ||1ɤ –1v//Ͼ ∩Ͼ\ X↥\·-
↓–Ͼ, 1Xɤ ∩·X)Ͼ|8ɤ>Ͼ| ∩Ͼ\ X↥\·↓–Ͼ ∩ϾX
v1↓–ɤϾX. //ü\ ∩1↓–)Ͼ∩Ͼ8ɤϾɤ ∩1ϾX, ∩·X
∪Ͼ\CϾ|∩Ͼ| ∩Ͼ\ v1↓–ɤX↥\·↓–Ͼ ·\1Xᚔ ·||.

8|∩ ^\<ᚔ| ||ö↓–ɤϾ ∩1\ ||1ɤɤϾ1vϾ|, ∩·XX ∩1Ͼ
||Ͼ|X↓–v1↓–Ͼ X↥\·↓–Ͼ, Xᚔ C1Ͼ ∩8 X1Ͼ –Ͼ8ɤϾ
)Ͼ|8ɤ>ɤ, X1↓– 1|| ∪Ͼ\v·8// Ͼ8\Ͼ\ Ͼ|ɤC1↓^-
v8|~ ||1ɤ Ͼ8↓– ||1ɤϾ|ɤC1↓^Ͼvɤ –·ɤ. ∩1ϾX

1Xɤ Ͼ1‖Ͼ)ϾX⊣‖∩Ͼ\−Ͼ1ɤ 1‖ Ͼ8\Ͼ‖ 8|1∪Ͼ\X8‖. 1‖ ∧Ͼ1‖Ͼ‖ ·|∩Ͼ\Ͼ| 8|1∪Ͼ\X8‖, 1‖ ∩Ͼ‖ Ͼ1‖Ͼ X↟\·↓−Ͼ ∩ϾX ∨1↓−ɤϾX >8\ ∪Ͼ\Xɤä|∩1~8|~)Ͼ|8ɤ>ɤ (1\∩, Ͼ|ɤ(1↓∧Ͼ∨ɤ X1↓− ∩1Ͼ X↟\·-↓−Ͼ ‖1ɤ ∩Ͼ‖)Ͼ(8XXɤXϾ1‖ 1−\Ͼ\ )Ͼ(⊣−|Ͼ\ ‖1ɤ.

∩1Ͼ Ͼ|ɤ(1↓∧∨8|~ ∩Ͼ\ X↟\·↓−Ͼ, ∩1Ͼ X1↓−·| ∩1Ͼ 8|ɤϾ\X↓−1Ͼ∩∨1↓−Ͼ| Ͼ|ɤ(1↓∧∨8|~X-Xɤ8//Ͼ| ∩Ͼ\ )Ͼ(⊣−|Ͼ\ ·|↟·XXɤ, ∧·|| |8\ 1‖ Ͼ1‖Ͼ‖ 8‖//Ͼ∨∩ ~ϾX↓−Ͼ−Ͼ|, 1‖∩Ͼ‖ X1↓− ∩1Ͼ ·∨∨8‖//·XXϾ|−Ͼ1ɤ ∩ϾX ~öɤɤ∨1↓−Ͼ| ~Ͼ∩·|-∧Ͼ| //Ͼ∨∩ϾX |1↓−ɤ ∪⊣∨∨Xɤä|∩1~ Ͼ|ɤ−ü∨∨ɤ −·ɤ. 1‖ ∩Ͼ| −⊣−Ͼ| Ͼ)Ͼ|Ͼ| ∩ϾX ∨1↓−ɤϾX, ·8X ∩Ͼ|Ͼ| ∧\<⊣| >8 ∩1\ X↟\1↓−ɤ, Ͼ/1Xɤ1Ͼ\ɤ Ͼ1‖Ͼ X↟\·↓−Ͼ ∩ϾX ∨1↓−ɤϾX, ((∨↓−Ͼ X1↓−1‖ 1−\Ͼ\ //⊣\‖ |1↓−ɤ ‖Ͼ−\ Ͼ|ɤ(1↓∧Ͼ∨| ∧·||, ∩Ͼ|| X1Ͼ ɤ\ä~ɤ ∩1Ͼ −ö↓−XɤϾ X↓−(1‖~8|~ ∩Ͼ\ ~öɤɤ∨1↓−Ͼ| /8Ͼ∨∨Ͼ 1‖ X1↓−.

ϾX Ͼ/1Xɤ1Ͼ\Ͼ| 1‖ ∩Ͼ| ∪Ͼ\X↓−1Ͼ∩Ͼ|Ͼ| 8|1-∪Ͼ\XϾ| 8|ɤϾ\X↓−1Ͼ∩∨1↓−Ͼ //⊣\‖Ͼ| ∩Ͼ\ X↟\·↓−Ͼ ∩ϾX ∨1↓−ɤϾX. X⊣ (1Ͼ ·8// ∩Ͼ‖ ↟∨·-|Ͼɤ Ͼ| Ͼ\∩Ͼ :Ͼ∩ϾX ∨·|∩ XϾ1‖Ͼ| ·8X∩\8↓∧ ∩Ͼ\ ‖Ͼ|X↓−∨1↓−Ͼ| X↟\·↓−Ͼ)ϾX1ɤ>ɤ, ~1)ɤ ϾX ·8↓− 1‖ ∪1Ͼ∨Ͼ| 8|1∪Ͼ\XϾ| Ͼ1‖Ͼ| 8|ɤϾ\-X↓−1Ͼ∩∨1↓−Ͼ| ·8X∩\8↓∧ ∩Ͼ\ X↟\·↓−Ͼ ∩ϾX ~öɤɤ∨1↓−Ͼ| ∨1↓−ɤϾX.

\ϾX C1XXϾl ∪⊣l •\1 X⊣ •ll •∧ɤ1∪1Ͼ\Ͼl (//ü–vϾ //ü\ Ͼ1lϾl ll⊣llϾlɤ, C•X 1l ∩1\ ~ϾX↓–1Ͼ–ɤ). ϾX ∧•ll XϾ1l, ∩•XX ɤ\äl Ͼl ∩Ͼ\ v1Ͼ)Ͼ ~Ͼ//v⊣X-XϾl X1l∩, ∩• ∩8 1l ∩1\ ~Ͼ//ü–vɤ –•Xɤ, ∩•XX ∩8 ∩Ͼ1lϾll C•–\Ͼl >8 –•8XϾ Ͼ1lϾl X↓–\1ɤɤ lä–Ͼ\ ~Ͼ∧⊣lllϾl)1Xɤ.

1l ∩Ͼl //⊣v~Ͼl∩Ͼl ∧•↟1ɤϾvl, CϾ\∩Ͼl ∩1↓–∩1Ͼ v1↓–ɤϾl CϾXϾl 1lllϾ\ C1Ͼ∩Ͼ\ ll1ɤ ∩Ͼ\ v1↓–ɤϾl X↟\•↓–Ͼ ∪⊣l •\1 X⊣ •ll)Ͼ~\üßϾl. ϾX C1\∩ ∩Ͼ1lϾl CϾ~ ∩ϾX Ͼ\C•↓–ϾlX 8l∩ ∩ϾX Ͼ\1llϾ\lX 8lɤϾ\Xɤüɤ>Ͼl 8l∩ CϾll ∩8 llö↓––ɤϾXɤ, •lɤC⊣\ɤϾ ∩8 ∩Ͼl v1↓–ɤϾl CϾXϾl ll1ɤ ∩Ͼl C⊣\ɤϾl ∩ϾX v1↓–ɤϾX. XϾ1 ∩1\ ∪Ͼ\X1-↓–Ͼ\ɤ, ∩•XX ∩Ͼ\ –ö↓–XɤϾ •8X∩\8↓∧ ∩ϾX ~öɤɤv1↓–Ͼl •ɤϾllX, ∩Ͼ1lϾl v1↓–ɤ∧ö\↟Ͼ\ 1l XϾ1lϾ\ X↓–C1l~8l~ Ͼll↟⊣\–Ͼ)Ͼl C1\∩.

8l∩ X⊣ C•\ ϾX ∧\<⊣l Ͼ1lϾ //\Ͼ8∩Ͼ, ∩1\ ∩1ϾXϾ)⊣ɤX↓–•//ɤϾl ü)Ͼ\)\1l~Ͼl >8 ∩ü\//Ͼl 8l∩ 1↓–∪Ͼ\•)X↓–1Ͼ∩Ͼ ll1↓– ∪⊣l ∩1\ 8l∩ v•XXϾ ∩1Ͼ X↓–C1l~8l~ ∪⊣l •\1 X⊣ •ll ll1ɤ ∩Ͼl C⊣\ɤϾl

•l1 ⊣´–Ͼ∪Ͼ∩ ⊣´∩\•↓––
∩8 C1\Xɤ 8lϾ\llϾXXv1↓– ~Ͼv1Ͼ)ɤ
1l ∩1↓– Ͼ1lXɤ\öllϾl.
8l∩ X⊣ 1Xɤ ϾX

•l •l•X–•
∧\<⊣l

Nachwort von Kryon

Noch einmal lenkt Kryon die magnetische Energie auf dich und das Licht der Wirklichkeit berührt dich in seiner ganz eigenen Form. Ich möchte dir zum Schluss dieses Buches noch einige Informationen geben und werde mich dann von dir verabschieden. Und schon jetzt möchte ich dir sagen, wie viel Freude es uns bereitet hat, dieses Buch entstehen zu lassen.

Viele Informationen, viele Botschaften und viele Schwingungen konntest du in diesem Buch erfahren. Du hast dich in deinem Herzen berühren lassen und warst bereit, in ein Wissen einzutauchen, das der Menschheit in dieser Zeit wiedergegeben wird.

Die Übermittlung der Botschaften in dieser Zeit dient dazu, der Erde, Lady Gaia, die Wahrheit zurückzugeben, die sich einst auf ihr befunden hat. Es ist die Wahrheit der Wirklichkeit. Es ist die Essenz der Wahrheit, die alles trägt und alles nährt.

Es ist das Wissen um die Liebe, es ist das Wissen über die Liebe, es ist das Wissen um die Gemeinsamkeit aller Dinge, die sich im Universum offenbaren und in ihrer ganz eigenen Essenz bestehen.

So wie du, geliebter Mensch, jeden Tag einen Schritt weitergehst in deinem Leben, geht auch die Wirklichkeit mit jedem

Tag tiefer in die Dualität hinein. Die damit verbundenen Veränderungen werden bald so stark sein, dass sie von keinem mehr verleugnet werden können.

Es ist eine aufregende Zeit, in der du dich befindest. Und noch aufregender wird diese, eure Zeit sein, wenn all die Botschaften, die wir euch geben, beginnen werden, sich zu manifestieren.

Und so möchte ich beginnen, mich von dir zu verabschieden und dir noch einmal sagen:

„Du bist so wunderschön."

Kryon ist in diesem Augenblick ganz nah bei dir und ich bitte dich, öffne noch einmal ganz bewusst dein Herz und fühle die Liebe des Kryons. Fühle die Liebe der Ewigkeit. Fühle das, was immer ist. Ich liebe dich und danke dir, dass du bereit bist, diesen Weg zu gehen.

Bevor Kryon sich von dir verabschiedet, möchte ich dir ein ganz besonderes Geschenk überbringen. Es ist ein Geschenk der tiefen Liebe zu dir und so werden sich in diesem Augenblick die 36 hohen Räte des Lichtes um dich herum versammeln und es wird eine Übertragung der Liebesenergie erfolgen.

Wir hüllen dich ein und beginnen in diesem Moment unsere tiefe Liebe dir zu überbringen. Wir reichen dir unsere Hände und verneigen uns vor dir.

Du bist einer von uns. Spüre die hohe tragende Energie der Liebe, wie sie durch all deine Körper fließt und zirkuliert. Wir sind bei dir.

Du bist das göttliche, strahlende Licht des Universums und Kryon bittet dich, lass alles geschehen, was geschieht. Lass dich von der Liebe und der Wirklichkeit berühren.

Ein jedes Mal, wenn du dieses Buch zur Hand nimmst, wann immer es sein mag und wo immer es sein mag, kannst du dir sicher sein, die hohe Energie der lichten Wesen wird in diesen Augenblicken bei dir sein.

Gehe deinen Weg der Liebe – denn nur aus diesem Grund bist du hier. Der Weg der Liebe ist der Weg der Fülle, der Gesundheit, es ist der Weg der Freude. Es ist der Weg deiner Seele und deines Herzens.

Lasse dich nicht mehr von anderen Menschen an deinem Weg hindern. Diese Zeit ist längst vorbei. Es ist deine Zeit, du Pionier. Vertraue dir und vertraue den Informationen der neuen Zeit, vertraue deinem Herzen.

Mehr als du ahnen kannst, trägt die Energie der neuen Zeit dich, wie auf einer Welle in das neue Zeitalter hinein. Lass alle Zweifel hinter dir.

Wenn es Tage oder Momente in deinem Leben gibt, in denen du zweifelst oder Sorgen bei dir sind, so nimm dieses Buch zur Hand und halte es in deinen Händen oder lege es auf dein Herz.

Du wirst fühlen, wie Kryon und die anderen lichten Wesen bei dir sind. Wir werden dich umarmen und dir die Liebe geben, die du benötigst, um die Sonne in deinem Herzen zu sehen und somit in die Kraft deines Selbstes zu gelangen.

Kryon blickt in diesem Augenblick in deinen Lichtkörper hinein und ich weiß wer du bist. Vertraue mir.

Doch nun ist der Zeitpunkt gekommen, sich von dir zu verabschieden. Kryon möchte dir noch einmal sagen, wie wunderschön du bist. Es war uns eine Freude und gleichzeitig eine sehr große Ehre, mit dir diese Zeit gemeinsam zu verbringen, um dir von der Wirklichkeit zu berichten.

Du bist ein individueller Ausdruck von Gott auf Erden.
Du bist Liebe.
Du bist der Engel, der das Licht zur Erde bringt.
Und so ist es.

An Anasha
Kryon

Informationen über das Kryonzentrum

Behandlungen und Sitzungen, die im Kryonzentrum Berlin durch Nama Ba Hal angeboten werden:

- Lichtkörperberatungen
- Raftan-Einweihungen
- Einzelsitzungen mit Dr. Kahn (Energetische Operationen)
- Lichtkosmetik
- Magierituale
- Behandlungen mit der Syron-Frequenz (Heilungsfrequenz)
- Öffentliche Channelings
- Regelmäßig stattfindende Heilungsretreats an verschiedenen Orten

Aktuelle Informationen zu Veranstaltungen mit Nama Ba Hal unter:

Kryonzentrum Berlin
Strausberger Platz 18 · 10243 Berlin
Telefon (0 30) 42 10 59 26 · Telefax (0 30) 42 10 59 30
www.kryonzentrum-berlin.de · info@kryonzentrum-berlin.de

Webadresse in russischer Sprache und Infos über Seminare mit Nama Ba Hal in Russland und der Ukraine unter:

www.kryon-russisch.eu

Anfragen, Anregungen zum vorliegenden Buch und Bestellungen:

verlag999@wellederliebe.de
Telefon (0 30) 42 10 59 26 · Telefax (0 30) 42 10 59 30